T0150506

Br. Thomas Dürr
Sr. Doris Kellerhals
Pierre Vonaesch
(Hrsg.)

Evangelische Ordensgemeinschaften in der Schweiz

T V Z
Theologischer Verlag Zürich

sek·feps

Die Deutsche Bibliothek – Bibliographische Einheitsaufnahme

Die Deutsche Bibliothek verzeichnet diese Publikation in der Deutschen
Nationalbibliographie;
detaillierte bibliographische Daten sind im Internet über
http://dnb.ddb.de abrufbar.

Bilder
   Die Photografien wurden uns von den Ordensgemeinschaften zur
   Verfügung gestellt.

Buchgestaltung
   Mario Moths, Bern

Druck
   ROSCH BUCH GmbH, Scheßlitz

ISBN 3-290-17267-8

© 2003 Theologischer Verlag Zürich
www.tvz-verlag.ch

Br. Thomas Dürr
Sr. Doris Kellerhals
Pierre Vonaesch
(Hrsg.)

Evangelische Ordensgemeinschaften in der Schweiz

T V Z
Theologischer Verlag Zürich

sek·feps

Herausgeberkreis

Br. Thomas Dürr, Pfarrer
Sr. Doris Kellerhals, lic. theol.
Pierre Vonaesch, Pfarrer

Mit Beiträgen von

Sr. Marianne Bernhard, Ursula Brunner Bertallo, Helmut Burkhardt, Henri Chabloz, Br. Thomas Dürr, Br. Gustav Fluck, Ueli Grossenbacher, Sr. Martha Häusermann, Ruedi Heinzer, Sr. Vroni Hofer, Sr. Annekäthi Kachel, Sr. Doris Kellerhals, Sr. Minke, Sr. Marianne Morel, Sr. Karin Müller, Sr. Margrit Muther, Isabelle Ott-Baechler, Ruedi Reich, Sr. Anni Reinhard, Sr. Hildegard Rothfritz, Sr. Margrit Schmid, Sr. Lydia Schranz, Sr. Elisabeth Seemann, Sr. Ruth Sutter, Sr. Thérèse, Georg Vischer, Pierre Vonaesch, Thomas Wipf

Geleitwort

Evangelische Ordensgemeinschaften – gibt es das? Gibt es im evangelischen Raum Gemeinschaften, die auf der Grundlage der Ehelosigkeit, der Armut und des Gehorsams gegenüber der Gemeinschaft verbindlich und auf Lebzeiten zusammenleben? «Es gibt sie ...» ist die Antwort gleich zu Beginn des Bandes, den Sie in Händen haben. Nur sind sie unter anderen Bezeichnungen bekannt. Sie nennen sich selbst «Kommunitäten» oder «Schwestern- und Bruderschaften» und von aussen sind sie etwa als Diakonissen bekannt, die vorwiegend Pflegedienste in den meist eigenen Spitälern verrichten.

«Es gibt sie ...» aber nicht nur, sondern sie sind mehr, ein lebendiger Teil in der Vielfältigkeit des Lebens unserer evangelischen Kirchen und darüber hinaus. Und gerade weil sie im evangelischen Raum der Schweiz noch nicht selbstverständlich bekannt sind, macht es sich der vorliegende Band zur Aufgabe, über die Geschichte, die Ziele, den Alltag und die vielfältigen Tätigkeiten der evangelischen Ordensgemeinschaften zu berichten. Grundsätzliche Überlegungen über den Sinn und die Geschichte evangelischer Ordensgemeinschaften leiten den Band ein. Stimmen aus den Kirchen- und Synodalräten unserer Kirchen formulieren, was ihnen an diesen Gemeinschaften wertvoll ist, und Vertreter dieser Gemeinschaften wiederum sagen, was sie von den Kirchen erwarten. Der kleine Band ist deshalb so etwas wie ein Handbuch mit einer Fülle von Informationen, mit einer Vielfalt von Anstössen über «geistliches Leben» und mit Illustrationen, die auch bildlich hinführen zu einer Lebensform, die es zu entdecken gilt.

Ordensgemeinschaften waren und sind Orte, wo der christliche Glaube in besonders verbindlicher Weise gelebt werden kann. Sie sind Orte, wo täglich, in grosser Treue und stellvertretend für andere das Lob Gottes angestimmt wird, wo gebetet wird für Gottes Schöpfung in ihrer Schönheit, aber auch mit ihren Nöten, für die Kirche mit ihrem Engagement, aber auch in ihrer Schwäche, für alle Menschen dieser Welt, die Gottes Geschöpfe sind. Aus der Tiefe des täglichen Lobens, Betens und Feierns sind immer wieder Neuaufbrüche in der Kirche entstanden und dieser so neue Impulse gegeben worden für ihr Engagement für Wahrheit und Freiheit sowie Frieden, Gerechtigkeit und die Bewahrung der Schöpfung. Die Ordensgemeinschaften sind für die Kirche tatsächlich «unverzichtbar», wie es im Beitrag eines Kirchenvertreters heisst. Der vorliegende Band ist ein Beitrag dazu, die Ordensgemeinschaften und ihr vielfältiges Wirken neu zu entdecken, kennen und schätzen zu lernen und das Zusammenwirken der Kirchen und Ordensgemeinschaften fruchtbar zu gestalten.

Im Namen des Rates des Schweizerischen Evangelischen Kirchenbundes danke ich dem Kreis der Herausgebenden, den Redaktoren und den Autorinnen und Autoren der einzelnen Beiträge sowie dem Theologischen Verlag Zürich dafür, dass sie im Auftrag des Rates diesen Band bereitgestellt haben.

Pfarrer *Thomas Wipf*
Präsident des Rates des Schweizerischen
Evangelischen Kirchenbundes

Inhalt

Vorwort   13

I Zum Verständnis der Gemeinschaften

Es gibt sie – ...   18

Zum heutigen Erscheinungsbild   21

Akzente aus der Geschichte der
evangelischen Ordensgemeinschaften   24

Wie nehmen die Ordensgemeinschaften die
Kirchen wahr? Was erwarten sie von ihnen?   38

Wie nehmen die Ordensgemeinschaften die
Kirchen wahr? Was ist wichtig im Zusammenwirken
von Gemeinschaften und Kirchen?   40

II Darstellung der Gemeinschaften

Communauté des Diaconesses de Saint-Loup   45

Schwesterngemeinschaft Diakonissenhaus Bern   50

Schwesterngemeinschaft Diakonissenhaus Riehen   53

Diakonissen-Schwesternschaft Neumünster,
Zollikerberg   58

Diakoniegemeinschaft Bethanien Zürich   61

Schwesterngemeinschaft Diakonat Bethesda Basel   65

Schwesterngemeinschaft Diakonissenhaus Siloah   69

Schwesterngemeinschaft Ländli Oberägeri   72

Schwesterngemeinschaft Diakonissen-
Mutterhaus St. Chrischona   76

Schwesternschaft Diakoniewerk Salem Zürich   80

Evangelische Marienschwesternschaft 82

Communauté de Grandchamp 85

Saronsbund – Evangelische Schwesternschaft Uznach 90

Christusträger Communität Schweiz 93

Steppenblüte Communität der Schwestern 97

El-Roi Communität Basel 100

III Stimmen aus den Kirchen

S'arrêter au rythme d'une
communauté priante – pour vivre 107

Ein unschätzbarer Dienst 109

Vivre l'évangile 111

Einzige Alternative 114

Les communautés liées à l'Eglise réformée
évangélique du canton de Neuchâtel (EREN) 116

Vorwort

Die Herausgebenden dieser Schrift bezwecken, das Anliegen der Gemeinschaften im evangelischen Raum zur Sprache zu bringen und ihre Bedeutung als Orte verbindlichen kirchlichen Lebens zu thematisieren. Christliche Gemeinschaften fristen in der evangelischen Kirche meist ein Schattendasein und sind sich, nicht zuletzt auch dadurch, dass sie kleiner und älter werden, ihrer eigenen Identität oft unsicher geworden. Von aussen als Relikte früherer Zeiten betrachtet, erleben sie wenig Unterstützung. In der katholischen Schwesterkirche prägen Orden, Kongregationen und etliche neuere Gemeinschaften das Erscheinungsbild der Kirche wesentlich mit. Sie werden in ihren Anliegen ernst genommen und von der Kirchenleitung in ihrer Lebensform ermutigt.

In der vorliegenden Broschüre stellen sich zunächst einmal diejenigen Kommunitäten vor, deren Glieder in verbindlicher Form nach den Evangelischen Räten leben. Sie sind entweder eigenständige Kommunitäten, oder sie haben ihren Platz als Lebens-, Glaubens- und Dienstgemeinschaften mit dem Auftrag zu Arbeit und Gebet im Rahmen von grösseren diakonischen Einrichtungen. Es ist den Herausgebenden bewusst, dass Familienkommunitäten und weitere Gemeinschaften von Verheirateten und Ledigen ebenfalls in diesen innerkirchlichen Wahrnehmungs-Prozess einzubeziehen sind. Diese Broschüre setzt einen neuen Anfang, oder präziser: Sie setzt eine Arbeit fort, welche im Rahmen des Schweizerischen Evangelischen Kirchenbundes 1982 begann, und damals mit der Schrift «Kommunitäten und Evangelische Kirche» (Texte der Evangelischen Arbeitsstelle Oekumene Schweiz Nr. 1) akzentuiert wurde. Die Arbeit soll nach der Veröffentlichung dieser Publikation weitergeführt werden.

Unser Dank gilt dem Schweizerischen Evangelischen Kirchenbund, der das Anliegen der evangelischen Ordensgemeinschaften mit grosser Offenheit und viel Engagement aufgenommen hat. Ebenso offen und engagiert stand der Theologische Verlag Zürich (TVZ) dem Projekt gegenüber. Die Hilfe, die wir bei der Abfassung des Teiles I erfahren durften, die engagierten Beiträge der Gemeinschaften (Teil II) und die eindrücklichen Beiträge kirchlicher Amtsträger innerhalb dieser Schrift (Teil III) sind eine starke Ermutigung für die Glieder der Gemeinschaften – herzlichen Dank! Danken möchten wir zudem allen, die durch Druckkostenzuschüsse ihr Interesse am Entstehen und an der Verbreitung dieser Schrift deutlich bezeugt haben.

Wir freuen uns auf das weiterführende Gespräch, das hoffentlich durch die Broschüre «Evangelische Ordensgemeinschaften in der Schweiz» in unseren Kirchen in Gang kommen wird.

Pfingsten 2003   *Br. Thomas Dürr*
                                                 Sr. Doris Kellerhals
                                                 Pfr. Pierre Vonaesch

I | Zum Verständnis der Gemeinschaften

Es gibt sie – ...

1. Es gibt sie – die evangelischen Ordensgemeinschaften

Meistens sind sie unter anderen Bezeichnungen bekannt. Und sie selbst nennen sich lieber «Kommunitäten» oder «Schwestern- und Bruderschaften». Die wechselnden Begriffe und die unterschiedlichen Erscheinungsformen können verwirren. So wurden immer neue Anläufe unternommen, die «evangelischen Ordensgemeinschaften» einzuordnen. Doch nach welchen Kriterien? Lebensstil und Frömmigkeitsform bieten sich an, ebenso die Aufgabengebiete und kirchengeschichtlichen Wurzeln. Alle diese Wege wurden schon beschritten und waren an ihrem Ort hilfreich und nützlich. Doch weite Kreise der Gesellschaft und der Kirchen nahmen davon kaum Kenntnis.

Wir wollen hier auf eine Lebensform von verbindlichem Christsein aufmerksam machen, die in unserem Land anzutreffen ist. Schwerpunkt bildet die Vorstellung der einzelnen Gemeinschaften. Angefragt und aufgeführt sind alle Gemeinschaften, von denen wir wissen, dass sie nach den drei so genannten «Evangelischen Räten» leben, einige Jahre Erfahrung im gemeinsamen Leben haben und sich zu einer evangelischen Kirche halten.

2. Es gibt sie – die evangelischen Ordensgemeinschaften. Nicht schon immer, doch schon längere Zeit

Die Anfänge zahlreicher Gemeinschaften fallen in Zeiten tiefer gesellschaftlicher Krisen wie der «sozialen Frage» im 19. Jahrhundert oder des Zweiten Weltkrieges im 20. Jahrhundert. Allerdings führten nicht allein tiefsinnige Gedanken zu den Gründungen (und Reformen), sondern auch ein waches Auge für die kirchliche und gesellschaftliche Realität. Die konkrete Lebensform der Schwestern- und Bruderschaften war eine Antwort im aktuellen Zeitgeschehen.

Ihr Dasein und Lebensstil wurde immer wieder neu verhandelt, denn im Lauf der Zeit haben sich Gegenüber und Anfragen gewandelt. Mit ihnen auch die Begründungen: Mal waren sie eher pragmatischer Natur, dann wieder stärker biblisch-theologisch. Die «evangelischen Ordensgemeinschaften» können auf solche Grund-legenden Auseinandersetzungen nicht verzichten, und die Theologinnen und Theologen aus den eigenen Reihen haben das Ihre dazu beigetragen.

3. Es gibt sie – die evangelischen Ordensgemeinschaften. Nicht überall, doch mancherorts

In einigen Städten und Dörfern ist ihre Erscheinung bekannt: die Schwester mit der Haube oder dem Schleier. Unscheinbarer und von weit geringerer Zahl sind die evangelischen Brüder.

Im Unterschied zu anderen Konfessionen sind die Ordensgemeinschaften in den Kirchen der Reformation eine verschwindend kleine Randerscheinung geblieben. Dies gilt für den deutschsprachigen Raum im Allgemeinen und für die Schweiz im Besonderen. Und das weckt Fragen:

• Ist das alleine Gottes Sache oder könnte es auch kulturell bedingt sein?

• Oder ist der reformierte Boden ein härteres Pflaster für den Ordensgedanken als andere christliche Konfessionen? Möglich. Doch Gegenbeispiele liessen sich finden: Die Brüdergemeinschaft um Gerhard Tersteegen im 18. Jahrhundert, die Diakonissenmutterhäuser ab Mitte des 19. Jahrhunderts und die «Bruderschaft vom gemeinsamen Leben» im frühen 20. Jahrhundert.

• Oder bietet die freikirchliche Landschaft der Schweiz eine alternative Lebensform mit intensiver geistlicher Gemeinschaft, welche an anderen Orten die Orden abdecken? Möglich. Doch einige Mitglieder von Kommunitäten kommen gerade aus den Freikirchen, und auch innerhalb der Freikirchen gibt es verbindliche Bruder- und Schwesternschaften.

- Oder liegt es auch daran, dass der Lebensentwurf als «evangelischer Bruder» oder als «evangelische Schwester» durch die offiziellen Kirchen kaum wahrgenommen und unterstützt wurde?

Aus Fragen werden unter der Hand Anfragen.

4. Es gibt sie – die evangelischen Ordensgemeinschaften. Nicht auf immer und ewig, doch hier und heute – und wohl auch morgen

Die «evangelischen Orden» waren bei ihrer Gründung eine christlich motivierte Antwort im aktuellen Zeitgeschehen. Damit sie das bleiben, kann ihre Entwicklung nie abgeschlossen sein.

Die Herausforderungen in Kirche und Gesellschaft mögen wechseln. Der Auftrag bleibt bestehen: Den Menschen ein Bruder oder eine Schwester sein – wie Jesus Christus es gelebt und gelehrt hat. Diese Berufung gilt den Kirchen und den Ordensgemeinschaften in gleicher Weise. Wie können sie sich darin gegenseitig unterstützen, damit sie heute ihrer ureigensten Aufgabe nachkommen können? Denn eine Sicht für heute ersetzt die Sorge für morgen. Auf beiden Seiten.

Bruder Thomas Dürr
Christusträger Communität

Zum heutigen Erscheinungsbild

1. Unterschiedlichkeit – gemeinsamer Nenner?

Die evangelischen Ordensgemeinschaften unterscheiden sich untereinander: im Alter der Gemeinschaften, in der Altersstruktur der Glieder, in den Wurzeln woraus die Gemeinschaft gewachsen ist, im ‹Bekanntheitsgrad›, in Ziel und Zweck der Kommunität, in den Tätigkeitsfeldern, in der Art, wie der kommunitäre Alltag gestaltet wird, in Visionen und Perspektiven für die Zukunft...

Trotz aller Unterschiede bleibt ein gemeinsamer Nenner, der sie verbindet und sie erfahren lässt, dass sie zusammen unterwegs sind.

2. Perspektive auf Lebenszeit

Am Anfang des Lebens in einer Gemeinschaft steht eine mehrjährige Probezeit. Es soll sich im konkreten Leben zeigen, ob der Weg, auf den man sich von Gott gerufen weiss, auch im Alltag lebbar ist. Diese gegenseitige Prüfungszeit zielt auf eine lebenslange Verbindung hin. In einer gottesdienstlichen Feier wird die Schwester/der Bruder ganz in die Gemeinschaft aufgenommen mit allen Rechten und Pflichten. Sie/Er will das ganze Leben in der Gemeinschaft verbringen.

3. Die Evangelischen Räte

Was von der römisch-katholischen Kirche als Gelübde bekannt ist, wird in den evangelischen Ordensgemeinschaften als Versprechen an Gott und die Gemeinschaft gegeben. Bei der endgültigen Aufnahme in die Gemeinschaft wird versprochen, ein Leben der Ehelosigkeit, der Armut (heute redet man von Anspruchslosigkeit oder Gütergemeinschaft) und des mündigen Gehorsams zu führen mit Gottes Hilfe. Bei diesen Versprechen – Evangelische Räte genannt – handelt es sich um Ratschläge aus dem Evangelium. Diese Räte betreffen die zentralsten Bereiche des Menschseins: Ehelosigkeit und das Verhältnis zum Du – die Beziehungsebene, die Sexualität; Anspruchslosigkeit und das Verhältnis zu den Dingen – zu Besitz und Geld; mündiger Gehorsam und das Verhältnis zu mir selber – zum Selbstbestimmungsrecht und Umgang mit Macht. Es geht den Ordensgemeinschaften nicht darum, ein Leben ohne Sexualität, Geld und Macht zu führen, sondern einen reifen und schöpfungsgemässen Umgang damit zu finden. Die Evangelischen Räte sind in jeder Generation – und heute besonders – brisant und unpopulär. Wer sie lebt, wird aber immer mehr erfahren, dass sie nicht nur Einengung sind, sondern den Menschen in immer grössere Freiheit führen.

4. Leben im Rhythmus von Arbeit und Gebet

In den evangelischen Ordensgemeinschaften wird versucht, den Tag in einem gesunden und natürlichen Lebensrhythmus zu gestalten. Die alte klösterliche Regel des «ora et labora», des Betens und Arbeitens erweist sich auch heute noch als lebensfördernd. Wer eine gute Balance findet zwischen Arbeit und Erholung, Gemeinschaft und Alleinsein, Reden und Schweigen, Herausforderung und Entspannung, Aktivität und Ruhe, der lebt ausgeglichener als jener, der alles im Extrem betreibt. Das gemeinsame Gebet und die persönliche Zeit der Stille vor Gott sind die Grundlage allen Lebens für die Schwestern und Brüder. Das nach einem schöpfungsgemässen Lebensrhythmus geordnete Leben hilft dem Menschen, auch innerlich zur Ruhe zu kommen und Frieden zu finden mit sich selber, mit den Menschen und mit Gott.

5. Zugehörigkeit zur evangelischen Kirche

Alle Gemeinschaften zählen sich zu Kirchen, die aus der Reformation hervorgegangen sind. Der Kontakt zur Ortskirche und Gemeinde ist wichtig und wird gepflegt. In unterschiedlicher Art und Weise engagieren sich Brüder und Schwestern in den Kirchgemeinden oder Werken der evangelischen Kirche und Allianz. Die Beziehung wird als kritische Solidarität gelebt. Ordensgemeinschaften waren in der Kirchengeschichte immer ein Korrektiv zur Kirche und wollen sie auch heute herausfordern, sich den biblischen Massstäben und den Zeichen der Zeit zu stellen. Ebenso lassen sich die Ordensgemeinschaften von der Kirche herausfordern und befruchten. Das Gebet für die Kirche ist wichtiges Anliegen der Schwestern und Brüder. Auch die Beziehung zu anderen Konfessionen wird gesucht und gepflegt. Die ökumenischen Verbindungen sind eine echte Bereicherung für alle Seiten und eine Verpflichtung. Es wird Einheit in versöhnter Verschiedenheit gesucht und ersehnt.

Schwester Karin Müller
Riehen

Akzente aus der Geschichte der evangelischen Ordensgemeinschaften

1. Grundsätzliche Gedanken

Ordensgemeinschaften, Kommunitäten, Diakonissengemeinschaften verstehen sich nicht einfach als kirchliche Institutionen, sie sind lebendiger Organismus. Sie leben Kirche auf verbindliche Weise und haben teilweise auch verschiedene Institutionen.

Im dreifachen Auftrag, Lebens-, Glaubens- und Dienstgemeinschaft zu sein, sind sie also im Grunde Kirche oder Gemeinde Jesu Christi in ihren drei Grundfunktionen von koinonia, leiturgia und diakonia. Darin sind die drei massgeblichen Beziehungsfelder im Leben der Kirche zu allen Zeiten verdeutlicht: Das Verhältnis der Christen untereinander in der Lebensgemeinschaft (koinonia), das Verhältnis zu Gott in der Glaubensgemeinschaft (leiturgia) und das Verhältnis zur Gesellschaft in der Dienstgemeinschaft (diakonia) und im Zeugnis des Lebens und Glaubens (martyria). Wolfgang Bittner definiert Kirche als Liebesgemeinschaft in diesen drei Beziehungsebenen: «Damit stehen die altkirchlichen Grundkennzeichen kirchlicher Existenz vor uns: Gottesdienst, Gemeinschaft und Dienst – leiturgia, koinonia, diakonia».[1] Schwesterngemeinschaften, Kommunitäten, Ordensgemeinschaften, Bruderschaften leben diesen Auftrag in verbindlicher Form und sind dazu berufen, Zeichen kirchlichen Lebens im ursprünglichen und ganzheitlichen Sinn zu setzen: denn «die Kirche ist als Bruderschaft gestiftet».[2]

In der Zeit der Gründung zahlreicher Diakonissenhäuser, im 19. Jahrhundert, war das kirchliche Leben Mitteleuropas zumeist von der lebendigen kirchlichen Erneuerungsbe-

---

1   Wolfgang J. Bittner, Kirche – wo bist Du? Zürich 1993, 14.
2   Wilhelm Stählin, Bruderschaft, Kassel 1940, 19.

wegung, dem Pietismus, geprägt. Aus dem Geist des Evangeliums heraus lebten die jungen Schwesterngemeinschaften selbstverständlich die Einheitlichkeit von koinonia, leiturgia, diakonia. Die Diakonissenhäuser so genannter «Kaiserswerther Prägung», in Anlehnung an das erste Deutsche Diakonissenhaus in Kaiserswerth bei Düsseldorf (1836), welche sich 1861 zur Kaiserswerther Generalkonferenz (vier davon in der Schweiz) zusammenschlossen, standen im Laufe ihrer Entwicklung immer mehr zwischen den im 20. Jahrhundert neu entstandenen evangelischen Kommunitäten und den frei organisierten Dienstgemeinschaften von kirchlichen Berufsverbindungen, zum Beispiel evangelischer Krankenschwestern, und rangen um ihre Identität. Dieses Ringen ist noch nicht abgeschlossen. In seinem Jubiläumsvortrag zum 100-jährigen Bestehen der Kaiserswerther Generalkonferenz (1961) betonte der Vorsteher der Diakonissenanstalt Sarepta Bethel, Wilhelm Brandt:

«Nach meiner persönlichen Meinung zeigt die Entwicklung zu einer geprägten geistlichen Genossenschaft, zur Glaubensgemeinschaft, zum Orden, den Weg in die Zukunft. [...] Der Orden kann nicht seine Lebensform losgelöst vom Dienst am Elend zelebrieren. Er kann nicht anders als die ihm anvertrauten Menschen hineinzuziehen in Anbetung und Dank. Wie die einzelnen Glieder so lebt er als Ganzes vom Dienst und Opfer»,[3] Der Kommunitäts- oder Ordensgedanken wird in den Vordergrund gestellt.

2. Wesensmerkmale von Ordensgemeinschaften

Martin Buber, der bekannte jüdische Philosoph, verweist auf die tragenden Säulen gemeinschaftlichen Lebens:
«Die wahre Gemeinschaft besteht nicht dadurch, dass Leute Gefühle füreinander haben (wiewohl freilich nicht ohne das), sondern durch diese zwei Dinge, dass sie alle zu einer leben-

---

3 Wilhelm Brandt, Unsere Geschichte. Aufgabe, Frage und Wegweisung, Kaiserswerther Generalkonferenz Bericht der Hundertjahrfeier, 1961, 33.

digen Mitte in lebendig gegenseitiger Beziehung stehen und dass sie untereinander in lebendig gegenseitiger Beziehung stehen. Die Gemeinschaft baut sich aus der lebendig gegenseitigen Beziehung auf, aber der Baumeister ist die lebendig wirkende Mitte».[4]

Die *Mitte* einer Kommunität bildet keine noch so nützliche Aufgabe oder noch so tüchtige Person. Die Mitte ist der lebendig wirkende Gott, der in Jesus Christus Mensch geworden ist. Alle Glieder der Kommunität haben zu ihm eine «lebendige gegenseitige Beziehung». Das heisst, sie stehen in einem persönlichen Verhältnis zu ihm, biblisch ausgedrückt im Verhältnis der Nachfolge, des Gehorsams, der Hingabe, der Liebe. Die Beziehung der Gegenseitigkeit drückt sich primär darin aus, dass die Erfahrung eines persönlichen Anrufs aus der lebendigen Begegnung mit Jesus Christus und seinem Wort erwachsen ist.[5]

Bubers zweite Dimension ist die «lebendige gegenseitige Beziehung untereinander». «Das Einswerden mit Christus hat immer ein Glied-zu-Glied-Werden der Christen zur Folge» (Edith Stein). Die gegenseitige echte Beziehung unter den Gliedern der Gemeinschaft, das Leben aus den biblischen Werten von Liebe, Annahme und Versöhnung ist eine den Ordensgemeinschaften im Laufe ihrer Geschichte stets neu gestellte Aufgabe.

Die Evangelischen Räte (Ratschläge)

Spezifische Merkmale und Zeichen des Ordenslebens aller Zeiten sind die drei Evangelischen Räte (Ratschläge des Evangeliums), welche nach Hans Urs von Balthasar schon seit dem 4. Jahrhundert eindeutig herausformuliert sind.[6] Sie bedeuten eine besondere Herausforderung für die Glieder einer evangelischen Schwesterngemeinschaft. «Armut, Ehelosigkeit und Gehorsam sind nicht die Wege zu grösserem Verdienst,

4   Martin Buber, Schriften über das dialogische Prinzip, 1954.
5   Gottfried Wenzelmann, Nachfolge und Gemeinschaft. Eine theologische Grundlegung des kommunitären Lebens, Stuttgart 1994, 40–42.
6   Hans Urs von Balthasar, Jesus nachfolgen – arm, ehelos, gehorsam, Freiburg 1982, 14.

sondern Wege zu freierem Dienst für den Herrn. Sie sind Mittel der *vita communis,* der christlichen Gemeinschaft. Sie sind eine andere Art der Berufung als die der meisten Glieder der Gemeinde Jesu. In diesem Sinn haben sie ihre biblischen Wurzeln [...]»[7] So hat es wohl auch Wilhelm Löhe gemeint, als er vor hundert Jahren die Schwestern in Neuendettelsau ermunterte: «Seid ihr ein Orden der Freiheit, getragen von grosser Liebe zum Herrn, zu seinem Werk, seinem Ziel und ergebt euch ihm in Armut, Keuschheit, Gehorsam».[8]

In der Geschichte der Diakonissenhäuser waren die Evangelischen Räte umstritten, bedingt durch die Angst vor der «Werkgerechtigkeit». Sie wurden einfach selbstverständlich gelebt, um des Auftrages willen und von der einzelnen Schwester nicht so sehr grundsätzlich reflektiert, wie das heute der Fall ist. In den Kommunitäten, welche im 20. Jahrhundert entstanden, fanden sie ganz selbstverständlich Eingang und bewusste Aufnahme.

3. Biblische Wurzeln kommunitären Lebens

Drei biblische Modelle bzw. Bilder waren unter anderem weg weisend für die kommunitäre Lebensform:
* die Jüngergemeinschaft
* die Urgemeinde
* das paulinische Bild vom Leib Christi.

Es muss bei diesen Ausführungen allerdings immer in Betracht gezogen werden, dass die biblischen Modelle nie allein für die spezifische Ausprägung der Kommunitäten herangezogen werden dürfen. Alle Gläubigen, welche im Apostolikum bekennen: «Ich glaube an die Gemeinschaft der Heiligen...» sind angesprochen. Alle Christen sind herausgerufen, biblische Formen gemeinsamen verbindlichen Lebens zu suchen und zu verwirklichen. Dies ist besonders aktuell in unserer Gesellschaft, welche die zwischenmenschlichen Beziehungen

---

7 Fritz Hoch, Die evangelischen Räte, Kaiserswerther Verband, Arbeitshilfen, 1964, 60.
8 Ebd., 65.

und ihre Gesetzmässigkeit zwar intensiv studiert und analysiert, aber immer weniger fähig ist, diese zu leben. Denn «grundlegend stehen Personbegriff, Gemeinschaftsbegriff und Gottesbegriff in unlöslicher, wesentlicher Beziehung».[9] Schöpfungs- und anlagemässig kann der Mensch sein Personsein nicht ohne eine gesunde Integration in die Gemeinschaft und ohne eine lebendige Gottesbeziehung verwirklichen.

Orden entstanden immer dann, als es schwieriger wurde, die Werte des Evangeliums im Rahmen der christlichen Gemeinde pointiert zu leben. Sie entstanden als die Anpassung der Kirche ans nichtchristliche Umfeld offensichtlich war. Orden suchten den Weg zurück zum Evangelium, zurück zur bruderschaftlichen Gemeinde der Apostelgeschichte. Alle Erneuerungsbewegungen innerhalb des Ordenswesens, seien es zum Beispiel die benediktinischen oder franziskanischen, knüpften an den Grundsätzen des Wortes Gottes an. Sie begannen diese zeichenhaft und als lebendigen Aufruf an alle, in neuer Radikalität und Eindeutigkeit zu leben.

Auch der Pietismus, als evangelische Erneuerungsbewegung, «ist kirchengeschichtlich der grösste, tiefste, am meisten umfassende Versuch, das Urchristentum in der Gegenwart wiederherzustellen und alle ihm entgegenstehenden Verhältnisse umzugestalten, die gottlose Welt in eine Welt für Gott zu verwandeln, indem die Menschen verwandelt werden.»[10]

Der Jüngerkreis – «eine neutestamentliche Kommunität»[11]

Jesus hat mit seinen Jüngern gelebt, was Kirche und ihre Gemeinschaften konstituiert: eine vielgestaltige *Lebensgemeinschaft* mit ihren Fragen und zwischenmenschlichen Konflikten: Es erhob sich aber ein Streit zwischen ihnen, wer von ihnen als der Grösste gelten solle (Lk. 22,24), mit ihren Niederlagen:

---

9 Wilhelm Windelband, Lehrbuch der Geschichte der Philosophie, zitiert in: Dietrich Bonhoeffer, Sanctorum communio, München 1986, 20.

10 Martin Schmidt in: «Zeitalter des Pietismus», Sammlung Dietrich 271, Bremen 1965.

11 Rainer Riesner, Formen gemeinsamen Lebens im Neue Testament, Giessen 1977, 9.

[...] wir konnten ihn nicht austreiben (Mt. 17,19) und Siegen: [...] und sie zogen aus und trieben viele böse Geister aus und salbten viele Kranke mit Öl und machten sie gesund (Mk. 6,12f). Jesus hat mit seinen Jüngern *Glaubensgemeinschaft* gelebt, er hat sie beten gelehrt (Lk. 11,1–4), ihnen die Grundordnungen und neuen Werte des Reiches Gottes vermittelt (Bergpredigt Mt. 5–7 mit den Seligpreisungen Mt. 5,3–12) und sie mit ihnen eingeübt.

Jesus hat seine Jünger je zwei und zwei zum *Dienst* an der verwundeten Welt ausgesandt und ihnen für den entsprechenden Lebensstil konkrete Anweisungen gegeben (Mt. 10,1–14; Mk. 6,7–13).

Die Evangelien sind Ansporn, Richtschnur und Herausforderung für das kommunitäre Leben gestern und heute. Sie standen schon Benedikt von Nursia als Leitlinie für seine Regel und das Leben der Gemeinschaft vor Augen, wenn er darin schreibt: «Gürten wir uns also mit Glauben und Treue im Guten, und gehen wir unter der Führung des Evangeliums seine Wege, damit wir ihn schauen dürfen, der uns in sein Reich gerufen hat».[12] «Unter der Führung des Evangeliums» gestaltete sich gemeinschaftliches Leben aufbauend und fruchtbar.

Die Jerusalemer Urgemeinde – «Modell einer kommunitären Gemeinde»[13]

«Sie blieben aber beständig in der Lehre der Apostel und in der Gemeinschaft und im Brotbrechen und im Gebet. Alle, die gläubig geworden waren, waren beieinander und hatten alle Dinge gemeinsam. Sie verkauften Güter und Habe und teilten sie aus unter alle, je nachdem es einer nötig hatte. Und sie waren täglich einmütig beieinander im Tempel und brachen das Brot hier und dort in den Häusern, hielten die Mahlzeiten mit Freude und lauterem Herzen und lobten Gott und fanden Wohlwollen beim ganzen Volk» (Apg. 2,42.44–47).

Wenn nun in Anlehnung an Rainer Riesner zum Ausdruck

---

12 Benediktsregel, Prolog 21.
13 Rainer Riesner, Formen gemeinsamen Lebens im Neuen Testament, Giessen 1977, 34.

kommt, dass die Jerusalemer Urgemeinde kommunitäre Gemeinde lebte, so ist damit gesagt, dass Gemeinde immer kommunitäre Züge trägt. Dabei ist die Bezeichnung «kommunitär» hier bezogen auf das griechische Wort koinonia, mit dem Lukas (Apg. 2,42; 4,32) ein besonderes Charakteristikum – die Gemeinschaft – der Urgemeinde hervorhebt. Als kommunitär wird eine solche Gemeinde bezeichnet, bei der die Verbindlichkeit des von der Liebe Christi untereinander geprägten Gemeinschaftslebens sich am Modell der Jerusalemer Urgemeinde orientiert.[14]

Hier legen sich aber nicht Forderungen auf die Gemeinschaft, welche ihr zur harten Aufgabe und schweren Last werden. Die Wesensmerkmale verbindlicher Gemeinschaft sind in Wahrheit Gaben Gottes, die aus seinem Herzen kommen und die Glieder der Gemeinde beschenken. Denn «christliche Bruderschaft ist nicht ein Ideal, das wir zu verwirklichen hätten, sondern eine von Gott in Jesus Christus geschaffene Wirklichkeit, an der wir teilhaben dürfen» (Bonhoeffer). Diese Gedanken vom objektiven Geschenk der Gemeinschaft – unabhängig von der subjektiven Leistung und Erfahrung und ohne direkten Bezug zum Wohlbefinden und zum inneren Wunsch nach Geborgenheit – sei mit Worten von Bonhoeffer nochmals verdeutlicht: «Verbindliche Gemeinschaft ist keine Sache des Erlebens, sondern des Glaubens».

Der Leib-Christi-Gedanke – Grundgeheimnis kommunitären Gemeinschaftslebens

In der heutigen Gesellschaft erhält das paulinische Bild vom «Leib Christi» für das kommunitäre Leben immer grössere Bedeutung. Dabei geht es um den Gedanken, dass die Vielfalt und Unterschiedlichkeit der einzelnen Glieder der Gemeinschaft zum Ausdruck gebracht werden darf und so auch die Individualität gefördert wird.

Denn «eine Gemeinschaft, die dem Einzelnen den persönlichen Raum des Sich-Entfaltens, des Wachsens und Reifens beschnei-

---

14 Ebd.
15 A. Grün / Chr. Sartorius, Dem Himmel zur Ehre, der Erde zum Zeichen. Menschliches Reifen im Ordensleben, Freiburg 1996, 119f.

det, engt das Personsein ein und macht unreif».[15] Raum für Individualität und Sinn für lebendige Gemeinschaft ergänzen sich im Bild vom Leib Christi hervorragend, ohne dass dabei einem ideologisch gefärbten Individualismus die Türe geöffnet wird. Denn – dies bestätigt die moderne Psychologie – Menschwerdung im umfassenden, ganzheitlichen Sinn vollzieht sich nur im Raum von gesunden gemeinschaftlichen Strukturen.[16]

4. Der Verlust des Ordenslebens in den Kirchen der Reformation

In den Kirchen der Reformation ist der bisher sehr prägende und wichtige Gedanke der Orden verloren gegangen. Hatten die Reformatoren in Radikalität die Aufhebung der Klöster befürwortet und umgesetzt, weil das Klosterleben nur dann fruchtbar sein kann, wenn es wirklich dem Evangelium gemäss vollzogen wird? Sonst ist es eine unzumutbare Karikatur menschlichen Lebens. Halbherzigkeit, Lauheit, Oberflächlichkeit wirken sich gerade im Ordensleben verheerend aus. So kann Bernhard Lohse darauf verweisen, dass den Reformatoren in ihrer Zeit vorwiegend ein Zerrbild des ursprünglichen Gedankens vor Augen stand:

«Zur Zeit Luthers standen sich die spätantike Ursprungsgeschichte und die mittelalterliche Klosterpraxis gegenüber. Luthers Klosterkritik bezieht sich nicht auf die monastische Grundidee, sondern auf die Vorstellungen und Umsetzungen des ausgehenden Mittelalters».[17]

Luthers Kritik betraf das Mönchtum als Hort der Werkgerechtigkeit, er kämpfte gegen den monastischen Verdienstgedanken.[18] So schrieb er «in immer neuen Wendungen, die Mönche setzten ihr Vertrauen auf ihr eigenes Werk und die Regel».[19] Luther sah sich mit einer unbezwingbaren Macht

---

16 Vgl. Jürg Willi, Ko-evolution. Die Kunst gemeinsamen Wachsens, Hamburg 1985.
17 Dieter Haite, OSB, Ökumenischen Chancen einer benediktinischen Gemeinschaft, in: Erbe und Auftrag 63 (1987), 349.
18 Johannes Halkenhäuser, Kirche und Kommunität, Paderborn 1978, 14.
19 Ebd., 16.

von Missständen konfrontiert, sodass eine Reform nicht in Frage kam und nur die Beseitigung, die Radikallösung, angebracht erschien.

Nochmals sei unterstrichen, «dass das Mönchtum damals teilweise nur ein Zerrbild dessen war, was es ursprünglich hatte sein wollen und was es weithin gewesen ist. Von daher betraf der Konflikt zwischen Luther und dem damaligen Mönchtum im Grunde nicht dessen spirituellen Beitrag, sondern bestimmte Erscheinungen und Gestalten, die das Mönchtum im späten Mittelalter angenommen hatte».[20]

Es ist der Verdienst von Johannes Halkenhäuser, dem früheren Spiritual der evangelischen Communität Casteller Ring, Luthers Klosterkritik differenzierter zu sehen und nicht einem Pauschalurteil zu verfallen. So sind es denn auch vorwiegend Aussagen des Reformators zum bruderschaftlichen Leben, welche wieder zurückführen zum vom Ballast der Tradition befreiten kommunitären Gedanken. Denn ohne den bruderschaftlichen Gedanken, ohne die koinonia in verbindlicher Form, ist Gemeinde Jesu Christi nicht denkbar. Die differenzierten Aussagen Luthers haben allerdings nicht dazu geführt, dass das Klosterleben im evangelischen Raum «gereinigt und erneuert» weiterbestehen konnte. Ja die Kritik am Mönchtum verschärfte sich in der Folge der Reformation.

In sehr modifizierter Form existierten Klöster als Stifte, als geistliche Gemeinschaften von Männern bzw. Frauen, in einzelnen Landeskirchen Deutschlands weiter und blieben so eine Art «Stachel im Fleisch der Kirche». Sie leisteten ihren Beitrag dazu, dass es nicht zu einer absoluten Klostervergessenheit in der evangelischen Kirche kam. Dennoch wurden Initiativen bruderschaftlichen Lebens nur zögernd aufgegriffen. So war auch die Gruppe der «beisammen-wohnenden Bruder-Gesellschaft» rund um Gerhard Tersteegen im 18. Jahrhundert ein Ansatz ordensmässigen Lebens, der keine weiteren Kreise zog.

---

20 Bernhard Lohse, zit. in: Dieter Haite, ebd., 349.

5. Die Wiederaufnahme des Ordensgedankens im evangelischen Raum im 19. Jahrhundert

Die Gründer und Gründerinnen der Diakonissengemeinschaften knüpften bei ihrem Verständnis vom «Mutterhaus» unter anderem auch an die *Tradition der Orden* in ihrer Lebensweise des gemeinsamen Betens und Arbeitens an. «Die Diakonissenmutterhäuser waren eine evangelische Gestaltung des altkirchlichen Ordensgedankens, die sich gegen manchen Widerstand durchsetzen mussten».[21]

Die neueren Ordensgemeinschaften der tätigen Nächstenliebe (z.B. Barmherzige Schwestern des Vinzenz von Paul, 1581–1660) hatten eine starke Inspirationskraft. Den evangelischen Kirchen fehlten am Anfang des 19. Jahrhunderts weitgehend die Werke der Barmherzigkeit, wie sie von katholischen Gemeinschaften ausgeübt wurden. So kann der frühere Beauftragte für die Kommunitäten der Evangelischen Kirchen Deutschlands, Altbischof Helmut Class, provokativ fragen, «ob es nicht richtiger gewesen wäre, das Mönchtum evangelisch zu reformieren, statt es radikal zu beseitigen. Man könnte einmal darüber nachdenken, wie der geistliche Weg des Protestantismus verlaufen wäre, hätte er nicht auf die geistlichen Kraftzentren wahrhaft evangelischer Klöster verzichten müssen».[22]

Die Väter und Mütter der gemeinschaftlich geprägten Diakonie, der Diakonissenhäuser, setzten sich in der ersten Hälfte des 19. Jahrhunderts intensiv mit dem Ordenswesen der katholischen Kirche auseinander. Dennoch war das Mönchtum im evangelischen Raum des 19. Jahrhunderts ein theologisch unbewältigtes Phänomen. Doch behutsam wagte man sich daran, obgleich es an kritischen Stimmen nicht mangelte. Es ist erstaunlich, dass Pfarrer Franz Härter in seinem Vortrag im Jahre 1842 in der Martinskirche in Basel ohne Umschreibung die Orden der katholischen Kirche würdigt:

---

21 Rainer Riesner, Formen gemeinsamen Lebens im Neuen Testament und heute, Giessen 1977, 49.

22 D. Helmut Class, Gelebte Bruderschaft. Sie blieben aber beständig ..., Gnadenthal 1983, 16.

«Unterdessen entstand für die römische Kirche, welche durch die Reformation auch manches gewonnen hatte, im 17ten Jahrhundert die wohltätige Schwesternschaft des Vinzenz von Paul, und noch mehrere andere Orden der Barmherzigkeit gestalteten sich hin und wieder, und breiteten sich schnell aus. Die evangelische Kirche hatte nichts ähnliches aufzuweisen».[23]

Härter kannte aus seinem Umfeld in Strassburg die von ihm hoch geschätzte Arbeit der Barmherzigen Schwestern. Noch über das Gründungsjahr der dortigen Diakonissen-Schwesternschaft (1842) hinaus benutzte er für sie den Terminus «evangelische Schwestern der Barmherzigkeit». Dies lässt auf den unverkennbaren Einfluss der Konzeption der Barmherzigen Schwestern schliessen.[24] Zudem ist überliefert, dass Härter seinen Diakonissen in Strassburg die Regeln des innerhalb der katholischen Kirche reformerischen Zisterzienserinnenklosters von Port Royal besorgt habe.[25] Port Royal, 1204 gegründet, gewann im 17. Jahrhundert an Bedeutung, als nach Reformen die diakonischen Aufgaben stärker gewichtet wurden. «Damit bezog sich Franz Härter auf die Tradition des Jansenismus, der [...] die Notwendigkeit der Gnade betonte und die reine Werkgerechtigkeit ablehnte».[26]

Auch der Mitgründer der Diakonissenkommunität von Reuilly (Paris), Antoine Vermeil (1799–1864), definierte seine Absicht zur Mithilfe beim Aufbau einer Diakonissengemeinschaft über die katholischen Orden:

«Seit vielen Jahren trage ich in mir den Gedanken, unter einem anderen Namen, ohne die ewigen Gelübde, [...], die Frauenorden wieder zu wecken, die bestimmt sind, sich der Kinder, der Alten anzunehmen».[27]

---

23 Abgedruckt im Diakonissenboten aus Riehen Nr. 256, Januar 1942.

24 Arnd Götzelmann, Die Strassburger Diakonissenanstalt. Ihre Beziehung zu den Mutterhäusern in Kaiserswerth und Paris, in: Pietismus und Neuzeit 23 (1997), 80–102.

25 Ebd.

26 Jutta Schmidt, Beruf Schwester, Frankfurt, New York 1998, 72.

27 Antoine Vermeil, zitiert in: Fritz Hoch, Aller Diener. Leben und Werk der Gründer des Diakonissenhauses in Paris-Reuilly, Basel 1966, 13.

Strassburg und damit verbunden auch Reuilly hatten mit ihrem Modell einen klaren Einfluss auf Gründungen im süddeutschen und schweizerischen Raum. Auch das Leitungsmodell der Strassburger Diakonissenanstalt war einzigartig. Härter selbst war in keinem der Gremien des Hauses direkt vertreten, verstand sich aber als Seelsorger der Schwestern. Das Leitungsmodell von Strassburg ist immer wieder als «Demokratie von Frauenzimmern» bzw. als «weibliche Demokratie» bezeichnet worden. Die Elemente der Schwesterngemeinschaft wurden hoch gewertet, der Gemeinschaft stand die Oberin vor.[28]

6. Weitere Entwicklung

Nach dem Zusammenschluss der ganz unterschiedlich und zum Teil auch unabhängig voneinander entstandenen Häuser zur Kaiserswerther Generalkonferenz im Jahre 1861 setzte sich immer mehr das deutsche einheitliche, dem Familiengedanken verpflichtete Modell durch: Es kam zu einer Anpassung an gemeinsame Grundordnungen, welche zum Beispiel den institutionellen Charakter der Diakonissenhäuser und ihre Leitung durch einen Vorsteher (Pfarrer, Hausvater), als «Haupt» des Diakonissenwerkes und einer ihm zugeordneten Oberin (Hausmutter) in den Vordergrund stellten.

Durch die Entwicklung einer prägenden eigenen Identität der Diakonissenhäuser trat die Beschäftigung mit dem Ordensgedanken in den Hintergrund. Hingegen verstärkte sich die Betonung der Abgrenzung gegenüber den katholischen Gemeinschaften bei öffentlichen Verlautbarungen. Dazu kamen die zahlreichen kritischen Stimmen, die in den Diakonissenhäusern Abbildungen «unevangelischer» Ordensgemeinschaften sahen. Pfarrer Hans Pachlatko (Riehen) deutete den weiteren inneren und äusseren Weg der Diakonissenhäuser nachdrücklich in einem Referat von 1972:

---

28 Arnd Götzelmann, Die Strassburger Diakonissenanstalt. Ihre Beziehung zu den Mutterhäusern in Kaiserswerth und Paris, in: Pietismus und Neuzeit 23 (1997), 80–102.

«Wer sich mit Fliedner und Löhe unbefangen auseinander-
setzt und auf ihre Grundintentionen hört, der kann gar nicht
im Zweifel darüber sein: es ging beiden (vor allem Löhe,
Anm.d.V.) um die Erneuerung, um die Reform der Kirche des
letzten Jahrhunderts. Gerade dies bedeutete für die protes-
tantischen Kirchen des letzten Jahrhunderts natürlich etwas
unerhört Neues und Gewagtes, das eine grosse Angriffsfläche
bot. Das gemeinsame Leben war verdächtig, weil man da ein
Stück wiedererstandener Möncherei witterte. Und die Öffent-
lichkeit, auch die Kirche, war für Möncherei nicht zu haben.
Noch wusste man damals nichts von Taizé, nichts von einem
kommunitären Frühling, wie wir ihn im 20. Jahrhundert
erleben. Die Gründer der Mutterhäuser hatten darum gerade
in Bezug auf die gemeinschaftliche Lebensform, als dem
Herzstück ihres Werkes, besondere Vorsicht walten lassen. Sie
waren mit dieser Sicht ihrer Zeit allzu weit voraus und wurden in ihrem innersten Anliegen kaum verstanden. [...] In den
Mutterhäusern musste man darauf bedacht sein, das kommunitäre, gemeinschaftliche Moment in den Hintergrund
treten und statt dessen das diakonische um so mehr leuchten
zu lassen. Denn hier, in der tätigen Aktivität, war man gegen
Angriffe von aussen gefeit. Hier konnte man auf seine Nützlichkeit hinweisen, eine statistisch erwiesene Leistung vorzei-
gen und nicht zuletzt durch das erfolgreiche Wachstum der
Werke beeindrucken. Damit aber geriet man unweigerlich von
der ursprünglichen Sicht ab. Nicht mehr die Erneuerung der
Kirche stand im Vordergrund, sondern mehr und mehr das
Leistungsprinzip, ein Nützlichkeitsdenken. Ich glaube wir
haben unseren Schwesternschaften und wir haben der Kirche
damit keinen Dienst getan».[29]
Der kommunitäre Frühling im 20. Jahrhundert – insbesondere in Deutschland und Frankreich – ist ein grosses Geschenk. Die bruderschaftliche Bewegung in der ersten Hälfte
des 20. Jahrhunderts ist wesentlich als Ursprung der Kom-

---

29 Hans Pachlatko, Unsere Schwesternschaft und ihr Weg in die Zukunft.
   Tagung des Bundes Deutscher Gemeinschafts-Diakonissen-Mutterhäuser, St.
   Chrischona, 1972.

munitäten zu sehen. Aus dem Schweizerischen Diakonieverein (Nidelbad) gingen die «Brüder und Schwestern vom gemeinsamen Leben» hervor. Ihre ökumenische Vision lebt in den neuen Kommunitäten ganz stark. In der Schweiz entstand die Kommunität von Grandchamp, und es folgten weitere Gründungen von Kommunitäten. Ihnen war es vergönnt, viel freier an der Ordenstradition anzuknüpfen, als dies den Diakonissen im 19. Jahrhundert und auch zu Beginn des 20. Jahrhunderts möglich war. Die Entstehung der Kommunitäten ermutigte wiederum einzelne Diakonissengemeinschaften, sich auf die Wurzeln zu besinnen, ihr Proprium von Gebet und Arbeit nicht fallen zu lassen und das Leben in Gemeinschaft pointierter zu fördern.

Noch gibt es sie, die evangelischen Ordensgemeinschaften: als kleine Kommunitäten von weniger als zehn Frauen, als kontemplative Kommunitäten, als Diakonissengemeinschaften innerhalb grosser sozialer Institutionen oder als Diakonissenkommunitäten, welche sich ihrem ordensmässigen Erbe verpflichtet wissen. Wie auch immer ihre Ausprägung aussieht: Es sind Frauen, die sich ganz hingegeben haben, um Kirche Jesu Christi zu leben in ihren Wesensmerkmalen von *koinonia, leiturgia, diakonia und martyria*.

Schwester Doris Kellerhals
lic. theol., Riehen

Wie nehmen die Ordensgemeinschaften die Kirchen wahr? Was erwarten sie von ihnen?

Welche Absichten hatte Gott wohl, als er zu Beginn des 20. Jahrhunderts zuliess, dass die Ärztin Minna Popken im katholischen Aegerital ein evangelisches Kurhaus eröffnete? Frau Popken hätte damals gerne selber eine Schwesterngemeinschaft gegründet. Der grosse Erfolg ihres ganzheitlichen Angebotes zur «Regeneration körperlich und seelisch leidender Menschen» liess diesen Plan nicht gelingen.

Als 1924/25 eine neue Trägerschaft gesucht wurde, stiess Frau Popken – auf dem Umweg über Pfarrer Dändliker aus dem Diakonissenhaus Bern – auf eine kleine, erst 1923 entstandene Schwesterngruppe, die ihre Wurzeln im Deutschen Gemeinschafts-Diakonieverband hatte. Dieser war innerhalb einer weit um sich greifenden Erweckungsbewegung heraus entstanden. Ein Teil dieser kleinen Schwesterngruppe übernahm 1926 zunächst pachtweise das Ländli von Frau Popken. Ein erstaunliches Wachstum im Kurbetrieb und in der Schwesternschar begann.

In den Dreissiger-Jahren wurde das Ländli Sitz dieser Gemeinschaft mit pietistisch erwecklich geprägter Frömmigkeit. Erst Jahre später kam es im Tal zur Gründung der evangelisch-reformierten Diaspora-Gemeinde Aegeri und über frühere Vorsteher des Diakonieverbandes zu einem nahen Bezug zur Schweizerischen Evangelischen Allianz. So sind wir zu unserem Platz mitten im vielfältigen Geflecht der Kirchen gekommen.

Unsere Wahrnehmung der uns umgebenden Kirchen und unsere Beziehungen zu den Gemeinden, den Verantwortlichen und den Gemeindegliedern haben sich im Lauf der Jahrzehnte gewandelt. Aus gegenseitiger vorsichtiger Distanz ist ein Netz mit guten tragenden Beziehungen geworden. Als Schwesterngemeinschaft und für unsere Gäste haben wir noch immer ein eigenes gottesdienstliches Programm. Das wird aus organisatorischen und räumlichen Gründen auch so bleiben. Durch das persönliche Engagement von Schwestern, Mitarbeiterinnen und Mitarbeitern in den Kirchen oder in der Gemeinschaft, in ökumenischen Veranstaltungen und Projekten sowie in Aktivitäten auf Allianz-Ebene ist in der Region eine Atmosphäre der gegenseitigen Wertschätzung und der Anteilnahme entstanden.

Mehr oder weniger intensiv verfolgen wir Geschehnisse, Entwicklungen und Entscheidungen in den Kirchen und Freikirchen landes- und weltweit. Wir freuen uns am Erfreulichen und tragen mit am Notvollen, am stärksten wohl durch unser Gebet.

Von den Kirchen erwarten/wünschen wir

- die Anerkennung der Ordensgemeinschaften als Lebensform, die in Kirche und Gesellschaft ihren berechtigten Platz hat
- eine stärkere Integration des Ordenslebens in der evangelischen/evangelikalen Theologie und Verkündigung
- konkretes Bitten um Berufungen, dazu Unterstützung und Ermutigung von Berufenen auf ihrem Weg
- mehr Möglichkeiten zur Information und zu gegenseitigem Kontakt und Austausch
- Raum für Berichte und Beiträge über evangelisches Ordensleben in Zeitschriften und anderen Medien.

Schwester Martha Häusermann
Schwesterngemeinschaft Ländli, Oberägeri

Wie nehmen die Ordensgemeinschaften die Kirchen wahr? Was ist wichtig im Zusammenwirken von Gemeinschaften und Kirchen?

Da die Gemeinschaften so verschiedene Entstehungen und Ausrichtungen haben, ist es schwierig, etwas zu formulieren, das für alle gültig ist. Wohl allen Gemeinschaften gemeinsam ist die Ausrichtung auf das Leben der Urgemeinde nach Pfingsten, wie es in Apg. 2,42–44 beschrieben ist: «Sie blieben beständig in der Lehre der Apostel (dem Evangelium) und in der Gemeinschaft und im Brotbrechen und im Gebet ... und hatten alle Dinge gemeinsam». Wir bilden eine Gemeinschaft, und das ist in unseren Kirchen nicht das «Übliche». Die Kirche als Leib Christi mit vielen Gliedern, das gilt traditionell für die Institution Kirche mit ihren einzelnen Mitgliedern. Dass auch eine Gruppe, eine Gemeinschaft eines dieser Glieder des Leibes sein kann, daran müssen sich unsere Kirchen wohl noch gewöhnen.

Das wünschen wir uns von unseren Ortskirchen: Dass sie verstehen, dass es Christinnen und Christen gibt, die auf die individuelle Gestaltung ihres Lebens und Wirkens verzichten und sich mit andern zusammenschliessen, um als Gemeinschaft zu wirken, um als Gemeinschaft in der Nachfolge des auferstandenen Christus Licht und Salz der Erde zu sein.

Das ist für die Kirchen nicht immer leicht. Wie sollen sie uns «erfassen», «begreifen können», wissen, an wen sie sich richten, für welche Mitarbeit sie uns anfragen können? Wie verstehen, dass wir manchmal «nein» sagen? Die Frage stellt sich, wozu wir überhaupt «nützlich» sind. Aber vielleicht müssen wir eben gar nicht nützlich sein. Vielleicht haben wir nur ein Zeichen zu sein, einfach durch unsere Existenz als Gemeinschaft. In unserer heutigen Zeit, wo die Menschen kaum noch zusammenleben können, einfach davon zeugen, dass da, wo Christus selbst Menschen zusammenruft, dass da ein echtes gemeinsames Leben über Jahre hinweg in Treue und Versöhnung gelebt, auch heute noch möglich ist. Davon zeugen gerade die vielen älteren

Schwestern und Brüder, die seit Jahrzehnten unsere Gemeinschaften tragen.

Das ist auch ein Wunsch an die Kirchen: Dass sie dieses Zeichen in der heutigen Zeit sehen und unterstützen. Auch wenn das vielleicht manchmal bedeutet, dass die Kirchen eine Absage erhalten, wenn sie uns um einen Dienst bitten, weil wir eben immer wieder das Gleichgewicht suchen müssen zwischen unserem gemeinsamen Beten und Leben (das braucht Zeit!) und dem Engagement einzelner Glieder im Dienst der Kirchen.

Andererseits möchten wir uns ja auch gemäss unserer jeweiligen speziellen Berufung als Gemeinschaft und als Glieder einer Gemeinschaft einsetzen im Dienst der Kirchen und Gemeinden. Das bedeutet für die Gemeinschaften, dass sie auch klar sagen, welches ihre konkrete Aufgabe, ihre Berufung ist und sich darin der Kirche zur Verfügung stellen (auch Anbetung und Fürbitte ist ein Dienst!). Und es bedeutet anderseits für die Gemeinden und Kirchen, dass sie die Gemeinschaften in ihrer speziellen Ausrichtung erkennen, anerkennen und in Dienst nehmen. Auch wenn der Platz von Gemeinschaften vielleicht eher am Rand der Kirche als Institution ist, die Kirchen sollen auf uns zählen dürfen, auf unser Gebet und unsern Dienst.

Die Gemeinschaften sind ein kritisches Element in der Kirche, das in Frage stellt, aber das geschieht nicht aus Ablehnung und Frustration, sondern aus Solidarität und Liebe. Auch wenn wir manches in unsern Kirchen nicht mitmachen, gehören wir doch zur Kirche, sind Teil der Kirche. Denn die Ausrichtung auf Jesus Christus, den Gekreuzigten und Auferstandenen, und das «Bleiben» im Evangelium (der «Lehre»), in der Gemeinschaft, im Brechen des Brotes, im Gebet und das Teilen gehören ja sowohl zum Wesen der Kirche wie der Gemeinschaften. Und das ist ein weiterer Wunsch an die Kirchen: Dass sie diese Ausrichtung und dieses Festhalten nicht aus den Augen verlieren. Dass so die Kirchen und die Gemeinschaften sich gegenseitig befruchten können, damit in unserer finstern Welt etwas vom Licht des Evangeliums sichtbar wird.

Sœur Thérèse
Communauté de Grandchamp

II | Darstellung der Gemeinschaften

In chronologischer Reihenfolge nach Gründungsjahr

Communauté des Diaconesses de Saint-Loup

«Dieu aura pitié de cette contrée, la lumière qui jadis brilla ici se rallumera. Cette maison deviendra une maison de prière...»

1. Allgemeine Angaben

Fondée à Echallens le 19 décembre 1842
Transférée à Saint-Loup le 1er novembre 1852

Aujourd'hui   100 diaconesses
Direction   Sœur Marianne Morel

2. Erreichbarkeit

Postadresse   Communauté des diaconesses
                   de Saint-Loup
                   1318 Pompaples
Telefon   021 866 52 21
Fax   021 866 52 60
e-mail   secretariatcom@adies.vd.ch
                   diac.s-ljuv@jpnet.ch
                   diac.s-lbut@jpnet.ch
                   diac.s-lmm@jpnet.ch
Leitung   Sœur Marianne Morel
                   morelm@adies.vd.ch
Telefon   021 866 52 21

3. Lieux d'accueil

Saint-Loup

Maison d'accueil   accueilcom@adies.vd.ch
Telefon   021 866 52 06

- Centre d'accueil, de formation à la relation d'aide, de prière et d'écoute
- Pastorale de famille et médiation familiale
- Accueil de groupes, de retraitants, des séminaires, journées de retraite, prière pour les malades, formation des bergères, développement de la «Montagne de prière».

Chardonne

L'Oasis   oasissl@bluewin.ch
Telefon   021 921 44 35

- Maison de vacances et de repos
- Chalet Sympa qui offre des vacances dans une ambiance chrétienne.

Romainmôtier

En Dieu te fie   Amathys7@bluewin.ch
Telefon   024 453 15 08

- Fraternité d'accueil et de prière
- Première fraternité œcuménique durant 25 ans qui poursuit un ministère d'accueil et de prière, essentiellement tourné vers l'Unité des chrétiens
- Ministère d'accueil à la fraternité et office de prière à l'abbatiale
- Petite fraternité de vie qui accueille des hôtes de passage, ou des personnes qui recherches le calme et le silence

4. Histoire, profile et évolution de l'œuvre

La fondation

En Allemagne, en 1836, Théodore Fliedner est préoccupé par la misère des malades, et ouvre une maison de diaconesses à

Kaiserswerth. En Suisse, un pasteur vaudois, Louis Germond, a eu des contacts avec lui. Il a entendu parler de son œuvre, et à son tour, fonde une Institution de diaconesses en 1842 à Echallens.

Pour aider efficacement, il faut être compétent

Louis Germond souhaite apporter aux pauvres de son temps l'aide dont ils ont besoin. Il lance un appel et, dans un premier temps, quatre jeunes femmes s'engagent à venir collaborer avec lui. La vision du fondateur est claire : pour aider efficacement, il faut être compétent. Les sœurs vont donc recevoir une formation. Mais elles s'engagent également à une vie de prière personnelle et commune afin de soutenir leur action caritative. L'œuvre grandit et, 10 ans après la fondation, il faut trouver des locaux plus vastes. C'est à Saint-Loup, un plateau enfoui dans la verdure, que Dieu a préparé une terre d'accueil. Grâce à la générosité d'un donateur, Louis Germond avec son épouse, emménage à Saint-Loup avec les malades et les sœurs. De nombreuses jeunes femmes répondent à la vocation qui leur est adressée. Des bâtiments sont construits, les soins infirmiers sont de plus en plus structurés, des écoles d'infirmières laïques sont créées.

Les sœurs de Saint-Loup sont envoyées dans toute la Suisse romande et au-delà des frontières, où des infirmeries sont construites.

Les vocations se font rares

Lorsque l'Institution des diaconesses de Saint-Loup fête son centenaire, 450 sœurs sont engagées dans le service des soins aux malades. Puis, dans la seconde moitié du 20e siècle, une évolution profonde se produit : Les vocations se font rares. Les sœurs en retraite sont plus nombreuses que les sœurs en activité. Des infirmières performantes prennent la relève dans le domaine des soins.

Temps de questionnement

Cette mutation provoque une réflexion difficile pour des sœurs qui ont toujours vécu en fonction des soins aux malades. Serions-nous en passe de renier la pensée du fondateur? Ne sommes-nous plus en mesure de servir? Pour plusieurs sœurs, perdre la vision commune du service auprès des malades représente une perte de l'identité de l'Institution. Il fallait passer par «un deuil» de service pour renaître autrement.

Et si la richesse du passé était encore la nôtre aujourd'hui, mais avec un éclairage différent? Au terme d'une réflexion, menée par les plus jeunes, nous avons remis en évidence les trois piliers essentiels de notre vocation:

• Vie de prière
• Vie communautaire
• Service

Ces termes n'ont pas changé dans les valeurs profondes, et pourtant, au fil des ans, ils ont pris une autre coloration. Par exemple, le mot Communauté remplace souvent le mot Institution. Il y a là un changement subtil qui implique, pourtant, un engagement plus personnel des sœurs dans une vie de prière commune. Et de cette vie de prière communautaire découle le service du prochain.

Les attentes sont nombreuses. Où trouver des lieux de silence si ce n'est dans une Communauté qui prie?

Une parole prophétique avait été prononcée au moment de l'implantation sur le site de Saint-Loup: Dieu aura pitié de cette contrée, la lumière qui jadis brilla ici se rallumera. Cette maison deviendra une maison de prière... Il ne s'agit donc pas de ce que les sœurs ont pu entreprendre, il s'agit de la compassion de Dieu, manifestée au travers des mains agissantes et priantes: a Chardonne, des solitaires sont accueillis, écoutés, aimés, dans une maison de vacances. A Romainmôtier, une fraternité offre des temps de silence et d'écoute à ses hôtes. A Saint-Loup même, des sœurs accueillent, donnent un soutien spirituel approfondi. Des rencontres permettent de nombreuses démarches de foi en vue d'une guérison intérieure. Chaque mois, un culte pour souffrants et chargés offre une prière de libération à ceux qui le souhaitent.

Quel avenir pour la communauté ?

Nous l'avons vu, peu de forces actives sont disponibles pour mener à bien cette recherche. Est-il, dès lors, prétentieux de croire que la Communauté doit vivre, qu'elle doit penser à des ministères nouveaux ? Deux novices sont en formation. Dieu a soutenu l'œuvre dès ses débuts. Nous avons la certitude qu'Il continuera à la bénir. Soulignons-le une fois encore : les attentes sont nombreuses. Ceux qui ont pris le temps de s'arrêter quelques heures ou quelques jours dans une Communauté religieuse ont été renouvelés dans leur attention à eux-mêmes, aux autres et à Dieu.

Dans cette pensée, et unie à l'Eglise, la Communauté souhaite devenir de plus en plus un lieu où des croyants se rencontrent :

- Lieu de prière, d'écoute, de communion
- Lieu où l'on vient pour accueillir la Parole et en vivre
- Lieu où l'Esprit touche et anime ceux qui viennent
- Lieu où l'on peut se plonger dans des moments de solitude avec Dieu
- Lieu où un enseignement est offert
- Lieu de réveil spirituel

Le temps de Dieu n'est pas fini. Les portes qu'Il ouvre sont nombreuses. A nous, Communautés du 21e siècle, incombe la redoutable, mais combien belle, responsabilité de dire au monde que le Seigneur est Seigneur de l'Eglise.

La vie qui se développe sur ce plateau de Saint-Loup depuis plus de 150 ans repose sur la fidélité de Dieu. C'est une histoire d'amour entre le Seigneur et nous. Comment pourrions-nous ne pas y répondre ?

Schwesterngemeinschaft Diakonissenhaus Bern

1. Allgemeine Angaben

Entstehungszeit

Anfang 19. Jahrhundert begann in Bern eine Erweckung, ausgehend von Pfarrer Galland von der französischen Kirche. Viele Angehörige der Oberschicht fanden zum Glauben, so auch Sophie von Wurstemberger, eine Patriziertochter. Die biblische Botschaft bewegte sie zu konkreten Schritten: Sie hielt Sonntagsschule und pflegte Kranke; 1844 eröffnete sie eine Krankenstube. Ein Pfarrer und ein Arzt standen ihr zur Seite. So war ganzheitliche Pflege und Betreuung möglich.

Angeregt durch Pfarrer Fliedner von Kaiserswerth begann Sophie von Wurstemberger einzelne Frauen aufzunehmen und als Diakonissen auszubilden.

Mitgliederzahl

Heute gehören 125 Diakonissen zum Berner Mutterhaus (31. März 2003). Die Schwesterngemeinschaften der Diakonissenhäuser Siloah, Gümligen (13 Schwestern) und Bern haben sich am 1. Oktober 2002 zusammengeschlossen. Die Schwestern vom Siloah ziehen Ende 2005 nach Bern und integrieren sich daselbst.

Verbreitung

Die Schwesterngemeinschaft wohnt und lebt in der Stadt Bern, in verschiedenen Häusern auf dem Gelände des Diakonissenhauses.

2. Erreichbarkeit

Postadresse	Schwesterngemeinschaften Bern und Siloah, Gümligen
	Schänzlistrasse 43
	3013 Bern
Telefon	031 337 77 35
Fax	031 337 77 63
e-mail	Info@dhbern.ch
Homepage	www.dhbern.ch

3. Angebote

Zusammen mit der Diakonischen Gemeinschaft (4 Mitglieder) und dem Freundeskreis (19 Mitglieder) verstehen wir uns als geistliche Trägerschaft des Diakonissenhauses Bern indem wir: in der Fürbitte und in der Arbeit für das DHB einstehen, für den christlich-diakonischen Charakter und Auftrag des Werkes eintreten, in ethischen Fragen Stellung beziehen und Mitverantwortung tragen und zur Teilnahme an unserem gottesdienstlichen Leben einladen.

Unseren diakonischen Auftrag sehen wir im Weiteren darin, dass wir

- Leben teilen durch den Dienst am Mitmenschen, z.B. in der Langzeitpflege, der Drogenarbeit, dem Programm für Arbeitslose u.a.
- Gastfreundschaft üben
- das Zeugnis des Glaubens weitergeben
- unsere gottesdienstlichen Anlässe und Tage diakonischer Bildung für Interessierte offen halten
- Stille Tage und Retraiten sowohl im Mutterhaus in Bern wie in unserem Hotel Olvido in Spiez anbieten
- als Gastgeber unsere Räume vielen Gruppen als Tagungszentrum zur Verfügung stellen
- unsere Gemeinschaft offen halten für Frauen, die eine Zeit gemeinsamen Lebens erproben und mit uns teilen wollen.

4. Profil

- Als Gemeinschaft richten wir uns aus nach dem Leitwort unserer Gründerin Sophie von Wurstemberger: «Über alles aber ziehet an die Liebe, welche ist das Band der Vollkommenheit» (Kol. 3,14).
- Der Ursprung unseres diakonischen Auftrages ist die durch Jesus Christus geschenkte Erlösung und Liebe. In seinem Namen geben wir – begleitet durch Gebet und Fürbitte – weiter, was wir empfangen haben.
- Das Ziel unseres diakonischen Auftrages ist, Menschen ganzheitlich zu helfen und sie zu gewinnen in die Nachfolge Jesu Christi, des Gekreuzigten und Auferstandenen.
- Gottes Liebe und unsere persönliche Berufung führen uns in der Schwesterngemeinschaft zusammen. Wir setzen Zeichen, indem wir – einen einfachen Lebensstil üben – ehelos in verbindlicher Gemeinschaft leben – entsprechend unserer Begabungen verfügbar sind für gemeinsame und individuelle Aufgaben.
- Bewegt durch die aktuellen Nöte der Gegenwart findet unsere Berufung – im Sinne der Gründerin des Diakonissenhauses Bern – stets neu und konkret Gestalt im Dienst am Mitmenschen. Um der Erfüllung unseres Auftrages willen sind wir bereit, auch neue Formen geistlichen und gemeinsamen Lebens zu wagen.

(aus dem Leitbild)

Schwesterngemeinschaft Diakonissenhaus Riehen

1. Allgemeine Angaben

Entstehungszeit	11. November 1852
Mitgliederzahl	141 Schwestern (davon 2 Postulantinnen und 8 Novizinnen)
Leitung	Oberin Schwester Doris Kellerhals
Verbreitung	schwerpunktmässig in Riehen, Wildberg und Spiez

2. Erreichbarkeit

Postadresse	Diakonissenhaus Riehen
	Schützengasse 51
	Postfach 599
	4125 Riehen 1
Telefon	061 645 45 45
Fax	061 645 45 00
e mail	oberin@diakonissen-riehen.ch
	sekretariat@diakonissen-riehen.ch
	gaeste@diakonissen-riehen.ch
Homepage	www.diakonissen-riehen.ch

3. Angebote

Angebote für Gäste

- *Einkehrtage, Oasen-Wochenenden, Bibelkurswochen:* Ein Angebot an Menschen, die das Bedürfnis nach einer Zeit der Stille und Sammlung unter Gottes Wort haben
- *Kirchliche Feste feiern:* Gemeinsam mit den Gästen stimmen wir uns auf die Feste im Kirchenjahr ein und feiern die Geheimnisse Jesu: Karwoche und Ostern, Pfingsten, 1. Advent, Weihnachten und Neujahr
- *Kinderlager, Teenagerlager für Girls:* Ferienlager im Diakonissenhaus mit viel Action, Sport, Spiel und Spass. Unsere jungen Gäste sollen merken, dass Gottes Liebe ihnen ganz persönlich gilt
- *Einzelgäste für Stille Tage, Ferien, Erholung in Riehen, Wildberg, Spiez:* Eine vom Gebet getragene Atmosphäre der Ruhe und geistlichen Gemeinschaft bietet Raum, zu sich selbst zu finden, Gott näher zu kommen und sich an Leib, Seele und Geist zu erholen

Angebote für Mitlebende

- *Weg-Gemeinschaft:* Ein Stück Weg gemeinsam gehen als Gruppe und mit uns Schwestern. Einen guten Rhythmus finden von Gebet und Arbeit, von Zeit allein und mit anderen
- *Praktikantinnen; Kommunität live – auf Zeit:* Möglichkeit, die Schwesterngemeinschaft kennen zu lernen und das Leben von Gebet, Arbeit und Freizeit mit uns zu teilen (mind. 14 Tage, max. 3 Monate)
- *Mitwohnende:* Leben in der Nähe der Gemeinschaft, arbeiten oder studieren ausserhalb (max. 2 Jahre)
- *Lebensgemeinschaft auf Zeit (Wildberg):* Angebot an 1–2 Frauen, das Leben mit der kleinen Diakonissengemeinschaft zu teilen (3 bis 12 Monate)

Dienstbereiche

- *Haus der Stille und Einkehr Wildberg ZH:* Für Einzelgäste, die eine Zeit der Stille vor und mit Gott suchen (nach Wunsch mit Begleitung einer Schwester), und Gruppen aus christlichen Gemeinden oder Institutionen für Kurswochen, Wochenenden, Besinnungstage

- *Ferien- und Einkehrhaus Annaheim Spiez BE:* Ein heimeliges Berner Chalet und ein kleines Schwesternteam laden ein für Ferien und Erholung (nach Wunsch mit Gesprächsbegleitung)
- *Übergangs- und Wohnheim Birkenhaus:* Begleitetes Wohnen zum Wiedereinstieg ins Leben nach einem Klinikaufenthalt oder in einer psychischen Krise
- *Asylbewerberzentrum Moosrain:* Durchgangszentrum für Asylbewerber des Kantons Basel-Stadt
- *Kinderkrippe Rägeboge:* Tagesbetreuung als Ergänzung zur Familie; für Kinder von Dorf und Stadt
- *Psychiatrische Klinik Sonnenhalde:* Psychiatrische Privatklinik mit christlichem Therapiekonzept, Tagesklinik, Ambulatorium, Weiterbildungsangebote, Riehener Seminar

Publikationen

- Schwester Doris Kellerhals, Lukrezia Seiler, Pfrn. Christine Stuber, «Zeichen der Hoffnung – Schwesterngemeinschaft unterwegs», Basel: 2002, Friedrich Reinhardt Verlag
- Schwester Karin Müller, «Sein oder Tun. Klösterliches Leben gestern – heute – morgen»; Diplomarbeit, Basel: 1999, www.diakonissen-riehen.ch/laedeli/Diplomarbeit.htm
- Pfarrer Peter Rüesch, «Nur eine Randbemerkung? Frauengestalten des Neuen Testaments», 12 Betrachtungen, 1990: Brunnen
- Pfarrer Peter Rüesch, «Das grenzenlose Ja. Jesus begegnet Frauen» 1997: Betulius
- Pfarrer Peter Rüesch, «Die Kraft der Gebeugten. Das Buch Daniel, heute gelesen.» 1999: Betulius

Bücher von Pfarrer Peter Rüsch sind antiquarisch oder im Diakonissenhaus, die Diplomarbeit von Schwester Karin Müller ist nur über Internet erhältlich.

4. Profil

«Die *Spiritualität,* d.h. die Art und Weise wie der Glaube und das Leben mit Gott ausgedrückt und ausgestaltet wird, fand im Diakonissenhaus Riehen zu allen Zeiten hohe Beachtung. Diakonie, Liturgie und das Leben in Gemeinschaft sind Ausdrucksformen biblischer Spiritualität und haben einen engen inneren Bezug, der nicht aus dem Gleichgewicht kommen darf. Spiritualität meint im Grunde: leben nach den Vorgaben des Heiligen Geistes. Es geht um ein Leben im vielgestaltigen Alltag, das vom Geist Gottes erweckt, durchdrungen, genährt und lebendig erhalten wird.» *(aus: «Zeichen der Hoffnung» – Schwesterngemeinschaft unterwegs, 171)*

Die empfangene *Berufung* vollzieht sich wachstümlich, die Neuausrichtung des Lebens ist ein Prozess. Je umfassender wir als einzelne Schwestern unser Leben ordnen und uns unbekümmert Gott und dem Kommen seines Reiches überlassen, um so mehr wird unsere Berufung, in der Freiheit des erneuerten Menschen zu leben, konkret. Dazu ist tiefgehende Heilung und Befreiung von Bindungen sowie die stete persönliche Umkehr nötig.

«Frei für Gott und die Menschen» – so lautet das *Ziel* ehelosen Lebens. Ohne die intensive, erfüllende Gemeinschaft der Liebe mit Gott, das stete Wandeln in seiner heilvollen Gegenwart, ist eheloses Leben armselig und trostlos. Die innige Beziehung zu Gott hat Priorität. Bei ihm ist das erste und wahre Daheim, bei ihm ist Verständnis; er befreit zu froher, tiefer, liebevoller Gemeinschaft mit den Menschen.

Das Leben in einer herzlichen und vom Vertrauen getragenen Schwesterngemeinschaft ist eine gute Hilfe, Ehelosigkeit erfüllt und befriedigend zu leben. So erleben wir Geborgenheit und Halt, Heimatgefühl, Zugehörigkeit, aber auch aufbauende Kritik, die ermutigt, an uns zu arbeiten und Veränderungen zuzulassen. Der Alltag mit seinen Konflikten führt dazu, dass wir die Wahrheit über uns selbst im Lichte Gottes immer umfassender wahrnehmen. *(Ordnungen)*

«Heute stellt sich die *Aufgabe* neu, gute Gefässe für das gemeinsame geistliche Leben zu finden. Es ist eine vorrangige

Aufgabe der Kommunitäten, im Gebet für die Kirche, Gesellschaft und die ganze Welt auch stellvertretend einzustehen. Es ist ebenfalls ihre Aufgabe, die Gottesdienste mit besonderer Sorgfalt zu gestalten und darauf zu achten, dass «die schönen Gottesdienste des Herrn» (Ps. 27,4) die lebendige Gegenwart Gottes bezeugen.» («*Zeichen der Hoffnung*», 175)

«Es ist wichtig, dass die Schwestern am *Puls der Zeit* sind, damit sie die Nöte erkennen und handeln können. Damit dies möglich ist, braucht es die Nähe zur Welt. Klösterliche Gemeinschaften können als kleine Zellen unter den Menschen leben. Es braucht aber auch die grösseren Klöster, die als Orte der Stille und Besinnung den Menschen Raum und Hilfe gewähren. Genau so wichtig wie das Tun ist aber das Sein. Auch in Mitteleuropa gibt es die soziale Not, aber viel verbreiteter ist die geistliche Not der Menschen. Damit die Gemeinschaft sich dieser Not annehmen kann, muss sie ihr eigenes geistliches Leben pflegen. Es braucht Kontemplation, den Rückzug in die Stille vor Gott. Wo das geistliche Leben einer Gemeinschaft blüht, wird es Früchte bringen.» *(Diplomarbeit von Schwester Karin Müller)*

Diakonissen-Schwesternschaft Neumünster, Zollikerberg

1. Allgemeine Angaben

1858 wurde in der Neumünstergemeinde in Zürich die Kranken- und Diakonissenanstalt als Antwort auf die Not der damaligen Zeit gegründet. Zentrum des Denkens und Handelns war die Pflege der kranken und alten Menschen sowie die gute Ausbildung für junge Frauen, die sich in den Dienst der Diakonie stellten. 1933 bezogen die Diakonissen das Mutterhaus mit Spital und Krankenpflegeschule in Zollikerberg bei Zürich.

Aus der Kranken- und Diakonissenanstalt wurde die Stiftung Diakoniewerk Neumünster – Schweizerische Pflegerinnenschule, ein soziales Werk auf christlicher Basis. Es wird von einer privaten Trägerschaft geführt; einige seiner Betriebe arbeiten eng mit der öffentlichen Hand zusammen. Die Kerntätigkeiten der Stiftung umfassen medizinisch-pflegerische Dienstleistungen im Akutbereich, Grundausbildung in Krankenpflege, Fortbildung, Spezialausbildung, Begleitung und Pflege von älteren Menschen sowie Angebote im Bereich Spiritualität.

2. Erreichbarkeit

Leitung	Sr. Margrit Muther
Postadresse	Diakonissen-Schwesternschaft
	Neumünster
	Trichtenhauserstrasse 24
	8125 Zollikerberg
Telefon	01 397 31 48
Fax	01 391 33 71
e-mail	m.muther@diakoniewerk-neumuenster.ch
Homepage	www.diakoniewerk-neumuenster.ch

3. Angebote

Ort der Begegnung für Frauen

Raum zum Ruhen und Erholen, Zeit zum Nachdenken, für Begegnung und Gespräche.
Frau Doris Stucki, Gästebegleiterin, Telefon 01 397 32 47
d.stucki@diakoniewerk-neumuenster.ch

Forum Neumünster

Fortbildungsangebote zu Themen von Gesundheit, Alter, Diakonie, Ethik, Spiritualität, Seelsorge, Persönlichkeitsentwicklung, Führung und Kommunikation.
Dr. Heinz Rüegger, Leitung, Telefon 01 397 30 07
forum@diakoniewerk-neumuenster.ch

4. Profil

Die Diakonissen-Schwesternschaft ist eine Gemeinschaft von Frauen, die der Glaube an Gott durch Jesus Christus verbindet. Im diakonischen Handeln ist sie offen und möchte auf die Bedürftigkeit von Menschen heute antworten.

Ein besonderes Anliegen ist, zeitgemässe Formen des Zusammenlebens zu finden und heutige Aufgaben der Diakonie wahrzunehmen. Mit den vielfältigen Möglichkeiten – in Gebet und Seelsorge, im Wirken für Mitmenschen, in der Suche nach neuen Formen der Spiritualität und im Raum geben – bringt sie sich in diese Welt ein.

Frei in gemeinsamer Verantwortung ist der Leitgedanke der Schwesternschaft. Als Glaubens-, Lebens- und Dienstgemeinschaft wird die spannende Auseinandersetzung von Geben und Nehmen, Tun und Lassen, Bewahren und Loslassen, Individualität und Gemeinsamkeit erfahren.

Zur Schwesternschaft gehören im Jahr 2002 118 Diakonissen, die meisten sind im Ruhestand und leben auf dem Zollikerberg. Zugehörig ist sie zur Evangelisch-reformierten Landeskirche.

Diakoniegemeinschaft Bethanien Zürich

1. Allgemeine Angaben

Woher wir kommen – Bethanien-Geschichte im Überblick

Anfang des 19. Jahrhunderts wurde die evangelische Mutterhausdiakonie ins Leben gerufen als Antwort der Kirchen auf soziale Nöte der damaligen Gesellschaft.

1874	Gründung des Bethanienvereins Deutschland-Schweiz, mit Sitz in Frankfurt a. M.
1887	Eröffnung der Station Zürich in einer Mietwohnung am Zeltweg
ab 1910	Verselbständigung des Schweizer Zweiges Bau des Krankenhauses und des ersten Mutterhauses für Diakonissen Eröffnung der Schule für Krankenpflege Rasches Wachstum der Schwesternschaft (bis 299 Diakonissen) und Ausdehnung der Arbeitsgebiete
ab ca. 1950	Zunehmend weniger Eintritte in die Schwesternschaft
1990	Neuausrichtung auf mögliche andere Formen der Mitgliedschaft. Öffnung der Schwesternschaft zur Diakoniegemeinschaft durch Aufnahme Diakonischer Mitglieder (Männer und Frauen)
bis 1999	Zusammenführung der Schule für Krankenpflege mit der Schule Männedorf, mit Sitz in Männedorf

| 2000 | Verselbständigung der Privatklinik |
| 2002 | Status Diakonische Mitglieder abgeschafft, neu Vereinsmitgliedschaft |

Mitglieder

Diakonissen und Vereinsmitglieder
- Frauen und Männer
- Motiviert aus dem Glauben
- Engagiert für das Wohl der Mitmenschen und für die
- Sorgfalt im Umgang mit der Mitwelt

2. Erreichbarkeit

Postadresse	Diakoniegemeinschaft Bethanien Zürich
	Frau Ursula Brunner Bertallo, Leiterin
	Restelbergstrasse 7
	8044 Zürich
Telefon	043 268 77 00
Fax	043 268 77 02
e-mail	u.brunner@bethanien.ch

3. Angebote

Wir sind eine Interessengemeinschaft von Vereinsmitgliedern für sozial-diakonische Anliegen

In verschiedenen geographischen Gegenden der Schweiz wohnhaft, teilen wir das gemeinsame Interesse für das Engagement für benachteiligte Menschen unserer Gesellschaft.

Unser Zentrum befindet sich an der Restelbergstrasse 7, in Zürich als
- Wohnort für Diakonissen
- Ort der Begegnung für Diakonissen und weitere Vereinsmitglieder

Im Diakoniewerk engagieren wir uns
- für betagte Menschen
- für Mütter mit Kindern in Notsituationen
- in psychologischer Beratung, Mediation und Seminaren
- in der Gästebetreuung und Seelsorge

4. Profil

Wir sind eine Lebens- und Glaubensgemeinschaft für Diakonissen

Wir leben und teilen Freud und Leid, wie in einer grossen Familie auf der Grundlage christlicher Werte. Die Prozesse der andauernden und sich beschleunigenden Veränderungen tragen und gestalten wir gemeinsam. Wir sind bereit, uns für sozial diakonische Anliegen in unserer Gesellschaft einzusetzen.

Kirchliche Zugehörigkeit

Das Diakoniewerk Bethanien weiss sich der Evangelischmethodistischen Kirche verbunden. Die Vereinsmitglieder des Diakoniewerks sind überzeugte Mitglieder christlicher Kirchen und Gemeinden.

Wer wir sind

Wir sind ein privatwirtschaftlich organisiertes, kirchlich orientiertes Sozialwerk. Unsere Wurzeln gehen zurück auf die christlichen Grundwerte und auf die diakonische Tradition der Fürsorge am Mitmenschen. Die persönliche Beziehung zu Jesus Christus ist für unsere Lebens- und Interessengemeinschaft eine wichtige Grundlage.

Was wir wollen

Wir wollen gemeinsam mit unseren Mitmenschen die aktuellen Herausforderungen in dieser Welt mitgestalten. Die Offenheit für die an den Rand der Gesellschaft gedrängten Mitmenschen liegt uns besonders am Herzen. Ihre rationale, religiöse und soziale Herkunft spielen für uns keine Rolle. Gute Zusammenarbeit mit Partnern aus sozialen und wirtschaftlichen Bereichen ist uns ein wichtiges Anliegen. Unser Engagement ist geprägt von hoher Professionalität, Qualität und Fachkompetenz.

Wohin wir wollen

- Wir nehmen Menschen mit seelischen und sozialen Nöten wahr
- Durch den Einsatz der uns verfügbaren Mittel und Kräfte wollen wir Menschen Hilfe zur Selbsthilfe bieten, die in unserer Gesellschaft durch die sozialen Maschen fallen
- Gemeinsam mit motivierten Menschen mischen wir uns dort ein, wo staatliche Einrichtungen Lücken offen lassen, indem wir neue Projekte in sozial-diakonischen Bereichen entwickeln

Die Strukturen des Diakoniewerks Bethanien

Der Verein Diakoniewerk Bethanien wurde über hundert Jahre gefördert und getragen durch das Engagement von Diakonissen. Die heutige Altersstruktur, veränderte Lebenseinstellung sowie eigenständige Möglichkeiten alleinstehender Frauen in der heutigen Zeit ruft nach neuen Formen gelebter Diakonie. Die Trägerschaft des Diakoniewerks Bethanien ist interessiert, das Erbe und die Arbeit der Diakonissen zu erhalten und weiterzuentwickeln. Es ist uns wichtig, Synergien zu erkennen, auszunützen und vorhandene Ressourcen optimal auszuschöpfen und einzusetzen. Unsere Mitarbeitenden sind fachlich und sozial kompetent. Wir fordern und fördern die Kompetenz durch eine offene, transparente Informationspolitik, einen zielorientierten, partizipativen Führungsstil und durch gezielte Weiterbildung. Die Förderung der Eigenverantwortung nimmt bei uns einen hohen Stellenwert ein. Kreativität, Selbständigkeit, Effizienz, Teamfähigkeit und Eigeninitiative im Interesse konstruktiver und betriebsübergreifender Zusammenarbeit sind uns wichtig.

Schwesterngemeinschaft Diakonat Bethesda Basel

1. Allgemeine Angaben

Der Verein Diakonat Bethesda ist ein selbständiges Sozialwerk der Evangelisch-methodistischen Kirche und umfasst gemeinnützige Einrichtungen und Unternehmungen, bzw. Beteiligungen an solchen, die Menschen in ausserordentlichen Lebensumständen die nötige Unterstützung gewähren. Oberstes Anliegen ist die Respektierung von Freiheit und Würde jedes anvertrauten Menschen. Bethesda trägt so zur Erfüllung des diakonischen Auftrages der christlichen Kirche bei.

Entstehung

Von Strasbourg her kamen Bethesda-Diakonissen erstmals 1896 in die Schweiz. In Basel gründeten sie 1907 eine Privatpflegestation. Nach der rechtlichen Verselbständigung des Vereins Diakonat Bethesda 1923 begannen sie die Spitalarbeit im Haus am Steinenring (14 Betten). 1928 bezogen sie die nächstgrössere Station an der Rheinfelderstrasse 21 (35 Betten). 1939 zogen die Schwestern in das neu erbaute Spital an der Gellertstrasse 144, welches auch der heutige Standort des Bethesda-Spitals ist. 1930 startete Bethesda mit dem ersten Ausbildungslehrgang für Krankenschwestern und 1951 mit der Schule für Physiotherapie.

In Zürich arbeiteten Bethesda-Diakonissen seit 1896. Im Jahr 1953 verkauften sie ihre Liegenschaft mit Privatpflegestation an der Plattenstrasse 69 und setzten 1962 ihre Arbeit in Küsnacht ZH fort – im an schönster Lage erbauten Langzeitpflegeheim.

Das heute 150 Betten zählende «Haus zum Wohnen und Leben»
feierte 2002 sein 40-Jahr-Jubiläum.

Mitgliederzahl
51 Diakonissen

Verbreitung
Bethesda-Schwestern arbeiten in den Einrichtungen des
Diakonats Bethesda (Bethesda-Spital und Bethesda-Schulen
in Basel und «Haus zum Wohnen und Leben» in Küsnacht)
oder in andern sozialen und kirchlichen Institutionen.

2. Erreichbarkeit

Postadresse	Schwesterngemeinschaft Diakonat
	Bethesda
	Gellertstrasse 144
	Postfach
	4020 Basel
	Oberin Schwester Vroni Hofer
Telefon	061 315 26 07
Fax	061 312 13 42
e-mail	vroni.hofer@bethesda.ch
Homepage	www.bethesda.ch

3. Angebote

Die *Mitlebzeit* «Das will ich ausprobieren: mitleben – mit-
beten – mitarbeiten» ist ein Angebot für Frauen,
• die auf der Suche sind;
• die sich neu orientieren wollen;
• die sich auf das Abenteuer mit Gott einlassen und das Leben
  in einer Gemeinschaft kennen lernen wollen.
Dauer: Eine Woche bis drei Monate.

Es gibt ein grosses Angebot von *Tagungen, Seminaren und Einkehrtagen* zu ethischen, sozialen und biblischen Themen sowie Themen des persönlichen Lebens und Glaubens. Prospekte sind unter «Seminar am Bethesda» (seminar@bethesda.ch) erhältlich.

4. Profil

Wer wir sind

Wir sind eine diakonische Schwesterngemeinschaft innerhalb der Evangelisch-methodistischen Kirche. Von Gottes Liebe ergriffen, leben wir Diakonissen nach dem Evangelium Jesu Christi und geben die Liebe zu unserem Herrn in Wort und Tat weiter. Aus Liebe zu Jesus leben wir

- *verfügbar* für gemeinsame Aufgaben in persönlicher Mitverantwortung, entsprechend unseren Begabungen;
- *einfach,* in einem zeichenhaft schlichten Lebensstil;
- *ehelos* und in verbindlicher Lebensgemeinschaft.

Von Jesus Christus berufen und begabt leben wir heilende Gemeinschaft. Durch unsern Dienst im Gebet und im Beruf sowie in persönlichen Kontakten möchten wir dazu beitragen, dass dieses umfassende Heilwerden auch für die uns anvertrauten Menschen erfahrbar wird. Das gemeinsame Kleid bringt unsere Zusammengehörigkeit zum Ausdruck und ist ein Zeichen unserer Berufung.

Für unseren Lebensunterhalt kommen wir gemeinsam auf. Soweit die Einkünfte unseren Bedarf übersteigen, stellen wir sie für den gemeinsamen Dienst zur Verfügung. Diese Lebensform ist uns Hilfe, unsere Berufung zu leben, und ist ein Zeichen für Gottes Gegenwart in unserer Zeit. Die verbindliche Aufnahme in die Glaubens-, Lebens- und Dienstgemeinschaft ist eine Zusage von beiden Seiten – sowohl der Gemeinschaft als auch der einzelnen Schwester – auf Lebenszeit. Aufgrund veränderter Umstände ist es möglich, diese Zusage zurückzunehmen.

Wie wir leben und dienen

- *Leben im Glauben:* Unsere Kraft zu einem Leben in der Gemeinschaft und zum Dasein für andere Menschen kommt aus einer lebendigen Beziehung zu Jesus Christus, aus dem täglichen Hören auf Gottes Wort und aus dem persönlichen und gemeinsamen Gebet. Die regelmässigen Gebetszeiten geben unserem Tag eine sinnvolle Ordnung.

- *Leben in Gemeinschaft:* Gottes Liebe zu uns ist das Fundament unseres gemeinsamen Lebens. Diese Liebe befähigt uns, unser Leben miteinander zu gestalten: wir arbeiten, beten, hören auf Gottes Wort und feiern miteinander. Gegenseitige Annahme und Wertschätzung schaffen Geborgenheit und Raum zur Entfaltung der Persönlichkeit und des Glaubens. Wir erfahren Gottes Vergebung; diese ermöglicht uns, Konflikte anzusprechen und hilfreich auszutragen.

- *Leben als Zeugnis und Dienst:* Durch unser Leben machen wir den Menschen die Liebe Gottes erfahrbar. Zu unserem Dienst gehören auch die Gastfreundschaft, die Verkündigung des Wortes Gottes, persönliche Kontakte und die Fürbitte. Wir sind bereit, für den ganzheitlichen Dienst an Menschen auch bisher ungewohnte, neue Wege zu gehen.

(Aus: «Leitbild Schwesterngemeinschaft Diakonat Bethesda»)

Schwesterngemeinschaft Diakonissenhaus Siloah

1. Allgemeine Angaben

Geschichte

Hans Fröhlich (1876–1966), ein Prediger der Freien Evangelischen Gemeinden, eröffnete im Herbst 1917 in Ennenda/GL mit 3 Schwestern und 7 Patienten ein Diakonissenhaus, dem er den Namen SILOAH gab. Durch das lebendige Wasser, das Leib, Seele und Geist zu stärken und zu heilen vermag, durch Jesus Christus selbst, das war Hans Fröhlichs Anliegen bei der Namensgebung, sollten bedürftige Menschen fortan im Siloah erquickt werden. Im Frühjahr 1918 konnte Fröhlich das Erholungsheim «Lindenhof» erwerben, das Adolf Amstein (1852–1935), zuvor Prediger der Evangelischen Gesellschaft in der Berner Lorraine, seit 1897 ausgangs Gümligen geführt hatte. Am 8. September 1918 nahm das Diakonissenhaus Siloah seinen Betrieb in den bestehenden, zum Teil durch Adolf Amstein errichteten Gebäuden auf. Die Kapelle und das Pfarrhaus kamen 1921/22 hinzu, 1948 das heutige Pflegeheim Mittelbau, 1954 die Klinik, 1958/68 die beiden Schwesternhäuser, 1973 das Personalwohnhaus. Das Pflegeheim an der Nussbaumallee wurde 1975 zusammen mit der Gemeinde Muri realisiert, und die Siloah-Ärzte AG eröffnete 1994, nach der käuflichen Übernahme der Klinik, ihre Tagesklinik. 1990 wurde der Betrieb in eine Stiftung eingebracht, während der Verein Diakonissenhaus Siloah nur noch für die Mutterhausbelange zuständig ist.

Das Wirken unseres Diakonissenhauses während der vergangenen 80 Jahre, die Dienst- und Aufopferungsbereitschaft der Siloah-Schwestern, wurde unzähligen Menschen zur Hilfe an Leib, Seele und Geist. Kraft ihrer Hände Werk sind Pflege und Arbeitsplätze geschaffen worden, an denen, wenn auch nicht mehr im Sinne der Mutterhausdiakonie, so doch durchaus im Geiste der Diakonie (Lk. 10,25–37!), dem bedürftigen Mitmenschen beigestanden wird. Im Respekt vor der christlichen Leitmotivation der Gründergeneration, sind heute jüngere Kräfte am Werk, den in Jahrzehnten aufgebauten Kranken-, Altenpflege- und Dienstleistungsbetrieb nach wirtschaftlichen Gesichtspunkten zu führen.

Mitglieder

1960 gehörten unserem Werk 93 Schwestern an, davon waren 13 im Ruhestand. Heute, Ende Juni 2002, arbeitet allein noch unsere jüngste Diakonisse im Pflegeheim der Gemeinde Muri-Gümligen. Zurzeit leben in unserer Gemeinschaft 13 Diakonissen (mit Jahrgang 1905 bis 1948); das Durchschnittsalter liegt bei rund 75 Jahren.

2. Erreichbarkeit

Per 1. Oktober 2002 hat sich unsere Schwesterngemeinschaft derjenigen des Diakonissenhauses Bern (125 Diakonissen) angeschlossen (Siehe S.50f), dessen Oberin, Schwester Lydia Schranz, zu diesem Zeitpunkt auch die Leitung übernahm. Die Schwestern bleiben bis Ende 2005 im Siloah, Gümligen, und ziehen dann ins Diakonissenhaus Bern um.

3. Angebote

Die tägliche, durch das interne Radio in alle Häuser übertragene Morgenandacht, die wöchentliche Bibelstunde und der Sonntagsgottesdienst gehören seit jeher zu den geistlichen Angeboten im Siloah.

Im Mutterhaus halten wir 4–5 Gästebetten im Einzel- oder Doppelzimmer für kürzere oder längere Aufenthalte bereit. Seit einigen Jahren stehen unsere Gästeräume auch als Herberge für Pilger auf dem Jakobsweg zur Verfügung, die dieses Angebot gerne in Anspruch nehmen. Es ist beeindruckend und ermutigend, welche Ausstrahlung die kleine Schwesterngruppe auf dem Siloah-Areal hat.

Schwesterngemeinschaft Ländli Oberägeri

1. Allgemeine Angaben

Entstehungszeit

23. November 1923 als Ableger des Deutschen Gemeinschafts-Diakonieverbandes, der um die Jahrhundertwende herum aus einer umfassenden Erweckungsbewegung heraus entstanden ist.

Mitgliederzahl

123 Schwestern, davon 7 unter 45 Jahren und 80 über 70 Jahre.

Leitung

Schwester Martha Häusermann, Schwester Ruth Knüssi, Pred. Edwin Stocker.

Verbreitung

Schwerpunktmässig in Ober- und Unterägeri, Basel, Herrliberg und Zürich.

2. Erreichbarkeit

Postadresse	Schwesterngemeinschaft Ländli
	6315 Oberägeri
Telefon	041 754 99 40
Fax	041 754 99 55
e-mail	leitung@laendli.ch
Homepage	www.laendli.ch

3. Angebote

Angebote für Gäste (Frauen und Männer)

- *Ganzheitliche Rehabilitation und Erholung* nach Krankheit, Operation oder einfach wenn Körper und Seele Ruhe und neue Kraft brauchen. Tägliche Andachten und Möglichkeit zur Seelsorge
- *Einzel- und Gruppenferien* im wunderschönen Aegerital mit lohnenden Ausflugszielen und vielseitigen Freizeitangeboten. Geistliches Angebot wie oben
- *Seminar und Kurse* zu Lebensfragen für den persönlichen Wachstums- und Reifeprozess im Glauben und als Ausrüstung für Aufgaben in Familie, Beruf, Kirche und Gesellschaft
- *Akzente im Kirchenjahr* erleben. In der Advents- und Weihnachtszeit (inkl. Jahreswechsel), in der Passions- und Osterzeit, an Himmelfahrt und Pfingsten laden wir ein zum Bedenken und Feiern der grossen Taten Gottes in Jesus Christus zum Heil für uns Menschen
- *Retraiten und Tage der Stille* in der Schwesterngemeinschaft. Was wir auf dem Weg der Nachfolge persönlich und gemeinsam an Hilfen und Kostbarkeiten entdeckt haben und leben, teilen wir gerne mit anderen

Dienstbereiche für Schwestern und mitarbeitende Frauen und Männer

- *Mutterhaus und Zentrale des Diakonieverbandes Ländli* mit Gesamtadministration, Pflegeabteilung für Schwestern und Versand von TextLive, einem vielfältigen Angebot von Printmedien zum Weitergeben
- *Kur- und Ferienhaus Ländli* mit Seminarzentrum, ein moderner Hotelbetrieb mit direktem Seeanstoss in prächtiger idyllischer voralpiner Landschaft auf 750 m.ü.M. zwischen Oberägeri und dem historischen Morgarten
  Telefon 041 754 91 11; www.laendli.ch
- *Ländliheim Basel,* eine klassische Einrichtung für betagte und pflegebedürftige Menschen, die eine familiäre, vom christlichen Glauben geprägte Atmosphäre schätzen und

Begleitung mit Herz und Können erwarten
Telefon 061 275 11 11; www.laendliheim.ch
- *Chinderhuus Sunneschii Herrliberg,* ein Haus mit Familien-Ambiance für Kinder, die nicht bei ihren Eltern aufwachsen können
Telefon 01 915 15 00; www.sunneschii.ch
- *Ländli Züri,* ein Begegnungsort für jung und alt. Unter einem Dach: Restaurant, betreutes Wohnen, geschützte Arbeitsplätze und kirchliche Aktivitäten
Telefon 01 383 59 02; www.laendlizueri.ch

Angebote zum Kennenlernen

- *Mitarbeit* in den verschiedenen Häusern
- *Retraiten in den Gemeinschaften* mit meditativen Impulsen, kreativem Gestalten und viel Zeit für die persönliche Stille
- *Spurensuche* – eine Möglichkeit, für begrenzte Zeit (ein bis sechs Monate) in unserer Gemeinschaft mitzuleben. Bei vierstündiger Mitarbeit pro Tag und der Teilnahme am kommunitären Leben bleibt viel Raum, um den bisherigen Weg und den aktuellen Standort zu überdenken, die Quellen des Evangeliums zu entdecken, in der Stille Gott und sich selber zu begegnen und neue Perspektiven für das Leben zu gewinnen. Auf Wunsch regelmässige Begleitgespräche
- *Aus-Zeit* in Verbindung mit der Gemeinschaft (einzelne Tage bis höchstens zwei Wochen) bei einfacher Unterkunft. Verpflegung mit den Schwestern oder als Selbstversorger. Es besteht die Möglichkeit, an den Gebetszeiten teilzunehmen

4. Profil

Wir sind als Schwesterngemeinschaft ein freies Werk innerhalb der evangelischen Kirchen der Schweiz. Unser Miteinander-Unterwegs-Sein für Gott und Menschen ist

Leben in Gemeinschaft

Ergriffen von der Liebe Gottes in Jesus Christus und durch die Kraft des Heiligen Geistes leben wir als Versöhnte in lebendiger Gottesbeziehung. Diese Wirklichkeit prägt unseren täglichen geschwisterlichen Umgang miteinander, unser gemeinsames Leben im Dienst, im Beten, im Hören auf Gottes Wort und aufeinander, auch im Feiern. In einem Raum von gegenseitiger Annahme und Wertschätzung kann jede Schwester leben, wachsen und sich entfalten. Die Möglichkeit regelmässiger Seelsorge fördert diesen Prozess.

Leben im Gebet

Das bewusste Leben in Gottes Gegenwart, das persönliche und gemeinsame Gebet und das Hören auf den dreieinigen Gott sind wesentliche Elemente unseres Alltages. Lobpreis und Anbetung, Dank, Bitte, Fürbitte und Segnung, meditative und kontemplative Gebete haben ihren Platz im Rhythmus der Tage und Wochen. Diakonie und Verkündigung sind getragen vom Gebet.

Leben als Zeugnis und Dienst

Das Erlösungswerk Jesu für uns Menschen ist die Grundlage und Motivation für unseren Dienst am Nächsten. Durch unser ganzes Sein, mit Wort und Tat soll das Evangelium bezeugt und verkündigt, der Name Gottes geheiligt, verherrlicht und sein Reich ausgebreitet werden.

(aus «... mit Gott unterwegs...» 1998)

Schwesterngemeinschaft
Diakonissen-Mutterhaus
St. Chrischona

1. Allgemeine Angaben

Die Schwesternschaft von St. Chrischona ist ein Kind des neueren Pietismus. Sie wurde 1925 gegründet im Auftrag der
Pilgermission St. Chrischona, um ledige Frauen für die missio-
narisch-diakonische Arbeit in den Gemeinden der Pilgermission
in der Schweiz und in Deutschland zur Verfügung zu haben. Da
die Anfragen aus den Gemeinden aber wesentlich geringer waren als die schnell wachsende Zahl der Schwestern, verlagerte
sich die Arbeit schwerpunktmässig bald auf Dienst in Spitälern
und Kurheimen. Seinen zahlenmässig höchsten Stand an
Schwestern erreichte das Mutterhaus 1965 mit 324 Schwestern.
Derzeit gehören 165 Schwestern dem Mutterhaus an.

Die Leitung der Schwesternschaft lag von 1925 bis 1959 in
der Hand von Inspektor W. Gutzke und seiner Frau. Nach
dem Tod von Frau Gutzke wurde 1952 Schwester Martha
Woicke ins Amt der Oberin berufen. Auf Inspektor Gutzke
folgte Inspektor E. Jaster, nach dessen Tod ab 1963 Inspektor
P. Graf, seit 1968 zusammen mit Inspektor K.H. Bender, der
für den deutschen Zweig zuständig war. Nach dem Tod von
Oberin Martha Woicke wurde 1969 Schwester Elisabeth
Seemann ihre Nachfolgerin. 1980 wurde anstelle der beiden
Inspektoren Dr. med. Th. Stöckle als Vorsteher berufen. Auf
ihn folgte 1991 P. Hofstetter, der nach einem schweren
Verkehrsunfall 1999 von Pfarrer Dr. H. Burkhardt abgelöst
wurde.

2. Erreichbarkeit

Postadresse	Diakonissen-Mutterhaus St. Chrischona
	Schwester Elisabeth Seemann, Oberin
	Dr. Helmut Burkhardt, Vorsteher
	Chrischonarain 135
	4126 Bettingen
Telefon	061 606 65 55
Fax	061 606 65 66
e-mail	dmh1@bluewin.ch

3. Angebote

In der Konzentration ihrer Arbeit auf die stationäre Altenpflege möchte die Schwesternschaft mithelfen, eine der grossen gesellschaftlichen Herausforderungen der Zukunft aufzunehmen: die Sorge um ein menschenwürdiges Leben und
Sterben alter Menschen. Dazu unterhält sie z.Z. je zwei
Altenpflegeheime in Deutschland und der Schweiz: das Heim
am Römerhof in Zürich, das Feierabend- und Pflegeheim beim
Mutterhaus in Bettingen/Basel, das Alten- und Pflegeheim
Villa Seckendorff in Bad Cannstatt und das Haus der Altenpflege in Lörrach. Mit letzterem ist eine staatlich anerkannte
Fachschule für Altenpflege «Manoah» verbunden.

Das Mutterhaus selbst sowie die beiden deutschen Pflege-
heime bieten ausserdem jungen Frauen eine Ausbildung zur
Hauswirtschafterin an. In Memmingen/Allgäu besteht eine
eigene Frauenarbeit.

Nach dem Verkauf des Kindersanatoriums in Bad Dürrheim
1990 blieb der Schwesternschaft dort noch ein Haus, das vor
allem von Diakonissen auch anderer Mutterhäuser für
Ferienaufenthalte genutzt wird. Das «Lydiaheim» in Zürich,
ursprünglich ein Heim für «Töchter», die in dieser Grossstadt
eine Lehre absolvieren, jetzt auch für Studentinnen, wird darüber hinaus auch gern von Kurzzeitgästen genutzt.

Im 1997 erbauten «Haus der Stille» beim Mutterhaus werden ausser internen Mitarbeiterschulungen und Retraiten

auch öffentliche Seminartage zur geistlichen Orientierung in aktuellen Fragen angeboten. Aber auch einzelne Gäste nehmen immer wieder die Möglichkeit des Rückzugs in die Stille in diesem Haus wahr und nehmen am täglichen geistlichen Leben teil.

4. Profil

Mit der Zeit entwickelte die Gemeinschaft der Schwestern eine eigene Dynamik, fort von einer reinen Dienstgemeinschaft und hin zu stärker kommunitären Lebensformen. Die grundsätzlich von Anfang an praktizierten Prinzipien der Ehelosigkeit, des Lohnverzichts und des Sendungsgehorsams wurden Anfang der 80er Jahre in bewusster Aufnahme der alten Tradition der drei «Evangelischen Räte» theologisch neu bedacht und angenommen als Möglichkeit, in Leben und Dienst Zeichen der gegenwärtigen Gottesherrschaft zu setzen. Man will nicht nur «Werk» sein, sondern Gemeinschaft von Frauen in der Nachfolge Jesu.

- Unser Weg in die Zukunft soll nichts anderes sein als ein Weg in der Nachfolge Jesu Christi, unter seiner Versöhnung und Verheissung.
- Wir wollen in der Zukunft den Weg einer geistlich-diakonischen Schwesterngemeinschaft noch bewusster und entschlossener gehen.
- Sammlung und Vertiefung der Glaubens-, Lebens- und Dienstgemeinschaft wollen wir als Ziel erhalten und dies im Tragen der Tracht als Zeichen der Zusammengehörigkeit zum Ausdruck bringen.
- Der geistlichen Realität, dass Christus das Haupt ist, wollen wir vertrauen und uns an dem grossen Vorrecht der Gemeinschaft erfreuen. Es ist uns dabei bewusst, dass das Leben in der Gemeinschaft eine Lebensaufgabe ist, in die wir uns ein Leben lang einüben müssen.
- Wir wollen als Nachfolgerinnen Jesu Christi und im Glauben an ihn eine Stätte verbindlichen geistlichen Lebens sein, wo Schwesternschaft gemeinsam gelebt wird und wol-

len durch unser gemeinsames und persönliches Leben und Dienen auf Jesus und seine Wiederkunft hinweisen.

- Die Evangelischen Räte Gehorsam, Ehelosigkeit und Anspruchslosigkeit stehen für die Ganzentscheidung des Glaubens. Wir wollen uns auf das eine Notwendige konzentrieren: «Trachtet zuerst nach dem Reich Gottes und seiner Gerechtigkeit, so wird euch solches alles zufallen» (Mt. 6,33).

- Dabei ist das Ja der einzelnen Schwester zu ihrem Leben unter den Evangelischen Räten entscheidend.

(Oberin Schwester Elisabeth Seemann in: Sendung. *60 Jahre Diakonissen-Mutterhaus St. Chrischona, 1985, 31f)*

Das Mutterhaus wird partnerschaftlich von der Oberin und dem Vorsteher gemeinsam geleitet. Der Mutterhausleitung steht ein von der Schwesternschaft gewählter Diakonissenrat und ein von ihr berufenes Kuratorium aus z.T. externen Mitgliedern zur Seite. Präsident des Kuratoriums ist seit 1998 Hr. R. Kiss, Mulhouse. Alle wichtigeren Entscheidungen fallen in der Versammlung aller Schwestern. Als rechtlich eigenständiger Doppelverein in der Schweiz und in Deutschland gehört das Mutterhaus zum Verband der Pilgermission St. Chrischona.

Schwesternschaft
Diakoniewerk Salem Zürich

1. Allgemeine Angaben

Entstehungszeit

Gründung 4. Juli 1931 an der Bundeskonferenz der Baptistengemeinden der Schweiz in Herisau mit dem Ziel, jungen Frauen eine Ausbildung für den diakonischen Einsatz an kranken, alten und bedürftigen Menschen zu geben.

Mitgliederzahl

Zurzeit zählt unser Mutterhaus 11 Diakonissen, von denen 9 im Ruhestand sind.

Verbreitung

Unsere Schwestern arbeiteten an verschiedenen Orten in der Schweiz, vorwiegend in der Privatpflege, den eigenen Alters- und Pflegeheimen und in der Aussenmission. Zurzeit liegt der Schwerpunkt in der Betreuung unserer älteren Schwestern im Mutterhaus in Zürich und in der Missionsarbeit in Nordkamerun.

2. Erreichbarkeit

Postadresse   Diakoniewerk Salem
                     Hildegard Rothfritz
                     Hochstrasse 37
                     8044 Zürich

Telefon	01 251 60 35
Fax	01 261 60 82
e-mail	Diakonie.salem@datacomm.ch

3. Angebote

- In unserem Haus besteht die Möglichkeit an Einzelein-
  kehrtagen teilzunehmen
- Unser Haus verfügt über 10–12 Einzel- bzw. Doppelzim-
  mer, die Einzelgästen und Gruppen zur Verfügung stehen
  (Übernachtungen mit Frühstück, Vollpension möglich)
- Für Tagungen, Kurse und Sitzungen stehen ein Schulungs-
  raum und Gruppenräume mit Infrastruktur zur Verfügung
- Es besteht für Frauen die Möglichkeit, für eine begrenzte
  Zeit mit uns zu leben

4. Profil

Es ist uns wichtig, in den gemeinsamen, regelmässigen
Gebetszeiten unseren Auftrag des Gotteslobes und der Fürbitte wahrzunehmen und unseren Gästen und Besuchern
einen Raum der Einkehr und Geborgenheit anzubieten.

Evangelische Marienschwesternschaft

1. Allgemeine Angaben

Entstehungszeit

Die Zerstörung Darmstadts (Deutschland) im September 1944 mit über 12'000 Toten und die dadurch ausgelöste Bussbewegung und Erweckung in den dortigen Mädchenbibelkreisen führte im März 1947 zur Gründung der Evangelischen Marienschwesternschaft durch Mutter Basilea (Dr. Klara Schlink, 1904–2001) und Mutter Martyria (Erika Madauss, 1904–1999). Durch Aufenthalte im Berner Oberland wurde Mutter Basilea in den fünfziger Jahren von der Schöpferherrlichkeit Gottes erfasst und zugleich von dem Schmerz, dass Ihm so wenig Ehre, Ruhm und Dank gebracht wird. Das führte zum Bau der Lobpreiskapelle in Aeschiried (1962) und der Ehre-Gottes-Kapelle (1964) auf der Griesalp. Beide Kapellen werden im Sommer von Marienschwestern oder Freunden betreut.

Mitgliederzahl

Zu unserer Kommunität gehören ausser Marienschwestern (179) auch die in reiferem Alter eingetretenen Dornenkranzschwestern (22) und eine 1967 gegründete kleine bruderschaftliche Zelle mit derzeit 12 Kanaan-Franziskusbrüdern.

Verbreitung

Hauptniederlassung in Darmstadt-Eberstadt (Deutschland), Zweigniederlassungen in einigen europäischen Ländern, in Nord- und Südamerika, Asien und Australien.

2. Erreichbarkeit

Deutschland

Postadresse	Heidelberger Landstr. 107
	64297 Darmstadt-Eberstadt
	Postfach 13 01 29
	64241 Darmstadt
Telefon	0049 6151 / 5392–0
Fax	0049 6151 / 5392–57
e-mail	info@kanaan.org
Homepage	www.kanaan.org

Schweiz

Postadresse	Haus Deo Gloria
	Oberdorf 145
	Postfach 41
	9633 Hemberg SG
Telefon	071 377 14 77
Fax	071 377 18 39
e-mail	info-ch@kanaan.org

Schwester Friederike Graetsch
Schulhausstr. 6
8915 Hausen a. A.

Telefon	01 764 09 31
Fax	01 764 21 18

im Sommer	Schwester Bedja Kunz
	Berghaus Steinenberg
	3723 Kiental BE
Telefon	033 676 11 44
	Lobpreiskapelle
	3703 Aeschi
Telefon	033 654 41 53

3. Angebote

• Lobpreiskapellen auf der Griesalp und in Aeschiried (im Sommer finden an Sonntag-Nachmittagen Lobpreis-Gottesdienste statt)
• Jesu Leidensgarten in Hemberg
• Gäste-Nachmittage mit geistlichem Programm in Hemberg und Hausen (alle 4–6 Wochen)
(bei Gruppen bitten wir um Anmeldung)

4. Profil

Im Mittelpunkt des geistlichen Lebens steht die Liebe zu Jesus, die ihr Fundament in der täglichen Reue und Busse hat. Dazu gehört der Wandel im Licht nach 1. Johannes 1,7. Kompromisslose Nachfolge Jesu (Lk. 9,23) und völlige Abhängigkeit von Gott Vater zu Seiner Verherrlichung (Mt. 6,33) prägen den Alltag. Von dieser Mitte her definiert sich unser Auftrag: Anbetung und Gebetsdienst – Verkündigungsdienst: zur Jesusliebe entzünden, zur Kreuznachfolge aufrufen – Bussruf und Versöhnungsdienst, besonders im Blick auf Gottes auserwähltes Volk.

Schriften von Mutter Basilea und Mutter Martyria wurden in etwa 70 Sprachen übersetzt, Radio- und Fernsehprogramme werden in vielen Teilen der Welt ausgestrahlt.

«Fürchtet Gott und gebt ihm die Ehre; denn die Stunde seines Gerichts ist gekommen! Und betet an den, der gemacht hat Himmel und Erde und Meer und die Wasserquellen!» Dieses für unsere Zeit so aktuelle Wort aus Offenbarung 14,7 war Zündfunke für den Bau der Lobpreiskapellen, und bald zeigte sich auch ein Weg, «Lobpreistafeln» herzustellen. Weltweit wurden etwa 2000 bis 3000 solche Tafeln angebracht – davon über 450 in der Schweiz. Sie sollen an schönsten Aussichtspunkten und auf Berggipfeln an unseren Herrn und Schöpfer erinnern, zum Lob Gottes entzünden und Menschen zu Ihm zurückrufen.

Communauté de Grandchamp

1. Allgemeine Angaben

Entstehung

In den Dreissigerjahren des letzten Jahrhunderts entdeckten einige Frauen aus der reformierten Kirche in der französisch-sprachigen Schweiz von neuem, wie wichtig die Stille für ihr Glaubensleben ist. Sie begannen, in Grandchamp, einem Weiler nahe bei Neuchâtel, alljährliche geistliche Retraiten durchzuführen. Bald zeigte sich das Bedürfnis, dieses Haus mit einer ununterbrochenen Gebetspräsenz das ganze Jahr hindurch offen zu halten. Daraus entstand die Communauté der Schwestern von Grandchamp.

Bei ihrer Suche nach einem gemeinsamen, vom Geist Gottes geleiteten Leben wurde den ersten Schwestern die Meditation, das stille, im Herzen bewegende Aufnehmen des biblischen Wortes sowie das aufmerksame Hören auf die Tradition der Kirche von grundlegender Bedeutung. Durch die Freundschaft und Unterstützung von katholischen, anglikanischen und orthodoxen Gemeinschaften entdeckten sie von neuem den Strom des klösterlichen Lebens. Daher ist uns das Gebet für die Einheit der Kirche seit den Anfängen ein besonderes Anliegen.

1952 entschieden sich die ersten Schwestern für ein Engagement auf Lebenszeit und legten die traditionellen Gelübde von Armut, Ehelosigkeit und Gehorsam ab. Kurz darauf übernahmen sie die Regel und die Gebetsordnung von Taizé als Grundlage ihres gemeinsamen Lebens und ihrer Liturgie.

Wir leben aus der Versöhnung und Vergebung. Die Gewissheit, dass Gott uns mit sich versöhnt, ermöglicht es uns, einander anzunehmen und miteinander zu leben. Sie öffnet unser Herz, damit wir uns im Alltag für Frieden, Gerechtigkeit und Bewahrung der Schöpfung einsetzen und uns immer tiefer um ein Leben der Gewaltlosigkeit nach dem Evangelium bemühen können.

Mitgliederzahl und Verbreitung

Etwa 50 Schwestern, aus verschiedenen Kirchen der Reformation und aus mehreren Ländern, leben, beten und arbeiten im Mutterhaus in Grandchamp, im Sonnenhof in Gelterkinden, in Chalençon (Ardèche) und in kleinen Fraternitäten in Israel, Algerien und Holland.

2. Erreichbarkeit

Postadresse	Communauté de Grandchamp
	Grandchamp 4
	2015 Areuse
	Priorin: Soeur Pierrette
Telefon	032 842 24 92
Fax	032 842 24 74
e-mail	secretariat@grandchamp.org
	(für die Communauté)
	accueil@grandchamp.org
	(für den Gästeempfang)
Homepage	www.grandchamp.org

Retraitenhaus Sonnenhof	
	Schwestern von Grandchamp
	4460 Gelterkinden
Telefon	061 981 11 12
Fax	061 983 95 55
e-mail	sonnenhof@grandchamp.org

3. Angebote

Die Kommunität
- empfängt Einzelgäste (Frauen und Männer) zu Tagen der Stille und Besinnung. Auf Wunsch werden die Gäste von einer Schwester persönlich begleitet;
- bietet einige Retraiten und Tagungen an, die durch ein Jahresprogramm angekündigt werden;
- nimmt Gruppen auf, die im Rahmen des vom Stundengebet geprägten Tagesablaufs ihr eigenes Programm gestalten möchten;
- bietet Frauen und Männern auch die Möglichkeit an, für einige Wochen oder Monate mitzuleben und mitzuarbeiten.

4. Profil

«Hier bin ich, Heiliger Geist, Schöpfer des Lebens!»
Das Herzstück unserer Berufung als Schwestern von Grandchamp besteht in einer zweifachen Herausforderung: «KOMM IN DIE WÜSTE», suche Sein Angesicht, lass dich in der Einsamkeit und Stille von Ihm finden, entwaffnen und durch Seine Liebe zur inneren Einheit fahren. «ERWEITERE DEN RAUM DEINES ZELTES », deines Herzens. Befürchte nicht, von denen, die Er zu dir sendet, gestört zu werden; verschliesse dich nicht!
Wir leben ein monastisches Leben, das geprägt ist vom Rhythmus des gemeinsamen Gotteslobes, des Gebetes, der Versöhnung, der Gemeinschaft und des Zeugnisses. Jesus Christus hat uns durch seinen Heiligen Geist zusammengeführt und lädt uns ein, Ihm nachzufolgen. Dieses Pilgern geht auf das Reich Gottes zu. Es ermöglicht uns einen inneren Weg, eine langsame Verwandlung. Zeichen dieser Dynamik sind unsere sechs Gelübde, die sich eins ins andere fügen. Sie zeigen uns die Richtung, kennzeichnen und inspirieren unseren Weg in den verschiedenen Etappen unseres Lebens und der Weltgeschichte. Gottes «Ja» zu uns ruft unser «Ja» zu Ihm hervor.

1. «*Willst du aus Liebe zu Christus dich ihm hingeben mit allem, was du bist?*

Wir sind dazu berufen, Ihm auf seinem Weg des Lebens nachzufolgen, in immer grösserer Freiheit und Liebe den Gehorsam dem Vater gegenüber zu leben, genährt durch das Wort Gottes und den Geist der Regel. So kann der Heilige Geist uns immer tiefer in das Bild Christi umgestalten.

2. *Willst du von nun an mit deinen Schwestern die Neuheit des Lebens feiern, welche uns Christus durch den Heiligen Geist schenkt, und sie in dir, unter uns, in der Kirche, in der Welt und in der ganzen Schöpfung wirken lassen, um so Gott in unserer Gemeinschaft zu dienen?*

Unser Leben ist nur möglich in der Kraft des auferstandenen Christus. Er lädt uns ein, in einer Welt des Todes das Leben zu wählen. In Ihm können wir die drei monastischen Gelübde leben, im Grunde ein Ruf an alle engagierten Christen in Seiner Nachfolge. Diese drei Gelübde sind wie ein Echo auf die drei Versuchungen, die Jesus zu Beginn seines Wirkens zu besiegen hatte, und sie berühren die drei Grundtriebe eines jeden Menschen: immer mehr «haben» zu wollen und zwar sofort; die anderen an sich binden zu wollen; und Macht ausüben zu wollen. Diese Triebe erzeugen die Idole und Ideologien, die unsere Welt beherrschen: Geld, Sex und Macht.

3. *Willst du durch den Verzicht auf jeden Besitz und in einer zunehmenden inneren Haltung der Gewaltlosigkeit mit deinen Schwestern nicht nur in materieller, sondern auch in geistlicher Gütergemeinschaft leben, indem du dich um Offenheit des Herzens und Teilen bemühst?*

Wir folgen dem armen Christus nach und lernen, unsere Hände immer mehr zu öffnen, nichts mehr für uns zurückhalten zu wollen und uns nicht mit Überflüssigem zu umgeben. So werden wir fähig zu empfangen und zu teilen.

4. *Willst du, um dich ungeteilt der Liebe Christi hinzugeben und mit deinen Schwestern zusammen verfügbarer für den gemeinsamen Dienst zu sein, ehelos, keusch und in der Reinheit des Herzens bleiben?*
Er lädt uns ein, unser Herz Seiner bedingungslosen Liebe, welche die ganze Welt umfasst, zu öffnen und sie unter uns und mit allen Menschen zu leben.

5. *Gott hat uns einen einzigen Auftrag anvertraut nämlich: Gemeinschaft zu leben. Willst du, damit wir ein Herz und eine Seele sind und unsere Einheit im Dienst sich voll verwirklicht, die Entscheidungen der Kommunität annehmen, wie sie durch die Priorin zum Ausdruck gebracht werden?*
Ein echtes gemeinsames, «stimmiges» Leben und Zeugnis ist nur möglich, wenn unser angeborener Individualismus sich der gemeinsamen Orientierung öffnet, die wir im Licht des Heiligen Geistes empfangen haben. Sie wird von der Priorin zusammengefasst und uns in Erinnerung gerufen.

6. *Willst du stets Christus in deinen Schwestern erkennen und in guten und in schlechten Tagen, im Überfluss und in der Armut, im Leiden und in der Freude über sie wachen?*
Wenn unsere Treue zu Gott und zu unsern Schwestern bis ans Ende in echter Solidarität gelebt wird, ist sie ein strahlendes, fruchtbringendes und doch behutsames Zeugnis.

Herr, deine Huld währt ewig.
«Lass nicht ab vom Werk deiner Hände»

Saronsbund – Evangelische Schwesternschaft Uznach

1. Allgemeine Angaben

Entstehung
Im September 1969 fand die erste Vereinsgründung statt. Von Anfang an lebten wir Gütergemeinschaft im gemeinsamen Leben und trugen die Tracht. Wir wurden im Oktober 1982 in der Gemeinde eingesegnet.

Mitgliederzahl
2002: sechs Schwestern

Verbreitung
Wir leben und arbeiten in Uznach.

2. Erreichbarkeit

Postadresse	Saronsbund
	Evangelische Schwesternschaft
	Remigihofstrasse 19
	8730 Uznach
Telefon	055 280 30 05

Eigene Dienstbereiche

- *«Diakoniestelle»:* Eine Einrichtung für Menschen, insbesondere für Frauen, mit sozialer und seelsorgerlicher Ausrichtung; Verantwortliche und Kontaktperson: Schwester Erika Mathis, Stegstrasse 5, 8730 Uznach, Tel. 055 280 49 65
- *«Sunnehus»:* Ferienhaus, frei zur Verfügung gestellt für Familien oder Gruppen, besonders für solche, die im kirchlichen, missionarischen oder diakonischen Dienst stehen
- *Punktuelle Begleitung von Senioren*

3. Angebote

- *«Mitleben auf Zeit»:* Junge Frauen ab 18 Jahren, die offen sind für gelebte Christusnachfolge, finden eine Möglichkeit,
  - verbindliches Christsein einzuüben
  - Impulse für ihren weiteren Lebensweg zu empfangen
  - Zeit zu haben für die Vertiefung ihres Glaubens
- *Wöchentliches Abendgebet in der evang. Kirche Uznach*
- *«Einkehrtage»:* zum Aufatmen und Kraftschöpfen (Biblische Impulse, Stille, Austausch mit andern Menschen). Jeweils ca. 09.00 Uhr bis 17.00 Uhr
- *«Freundesbund»:* Menschen, die gern am Leben des Sarons-Bundes teilhaben möchten durch
  - Empfang unserer informativen Rundbriefe
  - Mittragen im Gebet
  - persönlichen Kontakt
  - Teilnahme an Freundestreffen, die von uns durchgeführt werden

4. Profil

«Sarons-Bund»: *Saron* ist der Name einer fruchtbaren Ebene in Israel, für uns ein Bild eines fruchtbaren Lebens für Gott. *Bund* erinnert uns an unsere Lebensform: verbindliche Glaubens-, Lebens- und Dienstgemeinschaft.

«Evangelische Schwesternschaft»: Wir verstehen uns als kommunitäre Gemeinschaft innerhalb der evangelischen Landeskirche. Unser Leben möchte Antwort sein auf die Liebe Gottes in Jesus Christus, wie sie uns die Bibel bezeugt.

Wir wissen uns gerufen, auf Lebenszeit nach den Evangelischen Räten (Ehelosigkeit, Gütergemeinschaft und mündiger Gehorsam) Gott und den Menschen zu dienen. Als äusseres Zeichen tragen wir ein gemeinsames Kleid.

Unser Auftrag: Mitarbeit am Aufbau der Gemeinde Jesu, konkret in unserer Ortsgemeinde und punktuell über deren Grenzen hinaus. Dies geschieht durch
- unser Sein und Leben
- das Gebet
- unsere verschiedenen Aufgaben in eigenen Dienstbereichen oder als Angestellte in Kirche, Schule, Heimbetrieben u.a.m.
- freiwillige Mitarbeit in der Kirchgemeinde

DIENET DEM HERRN MIT FREUDEN
Ps. 100

Christusträger Communität Schweiz

1. Allgemeine Angaben

Entstehungszeit

1961 Gründung des Christusträger e.V. (CT) in Darmstadt (Deutschland) als Rechtsträger einer Gemeinschaft, die aus einer Jugendgruppe herauswächst. Wohngemeinschaften für Brüder und für Schwestern entstehen in dieser Zeit. Die Gründung selbständiger Vereine CT Bruderschaft und CT Schwesternschaft erfolgt um 1977.

Von 1972 bis 1986 lebt eine Gruppe von 5 bis 9 Brüdern in Kleinbasel auf Einladung der dortigen Kirchenleitung. 1976 wird der Verein Christusträger Communität Schweiz als eine Unterorganisation der Bruderschaft zum Erwerb der Liegenschaft Gut Ralligen gegründet. Die Vereinsmitglieder sind alles Brüder der Christusträger Bruderschaft e.V.

Mitgliederzahl

Die gesamte Bruderschaft umfasst 32 Brüder. Sechs Brüder leben und arbeiten in der Schweiz.

Verbreitung

Schweiz	Gästehaus Gut Ralligen am Thunersee.
Deutschland	Kloster Triefenstein am Main (seit 1986 Heimat der Bruderschaft); Stadtkommunität in Meissen (Grossraum Dresden), seit 2000
Afghanistan	medizinisches Team in Kabul, seit 1969

| Kongo | (Dem. Rep.) medizinisches Team im Buschhospital Vanga, Provinz Bandundu, seit 1980. |

2. Erreichbarkeit

Postadresse	Christusträger Communität
	Gut Ralligen
	3658 Merligen
Telefon	033 252 20 30
Fax	033 252 20 33
e-mail	ct.ralligen@swissonline.ch
Homepage	www.christustraeger-bruderschaft.org

3. Angebote

- Gästehaus für Gemeinde- und Familienwochen bzw. -wochenenden, Retraiten und Mitarbeiterseminare
- Wegen der besonders schönen Lage im Berner Oberland wird Ralligen gerne von Gruppen belegt, die neue Freunde einladen möchten. Wir sind bestrebt, die Tage so zu gestalten, dass sie der Erholung dienen und der Einkehr bei Gott, der Quelle allen Lebens. Zu diesen Angeboten können in der Regel noch einzelne Gäste und Familien dazu kommen, so weit der Platz reicht
- Fremdtagungen sind in dem Rahmen denkbar, dass Raum für Begegnungen mit der Bruderschaft offen bleibt
- Für Männer ab vierzehn Jahren besteht das ganze Jahr die Möglichkeit, für einige Tage unser Beten und Arbeiten zu teilen. Solche «Brüder auf Zeit» teilen bei freier Kost und Logis unseren Tagesrhythmus, der mit dem Morgengebet um 6 Uhr beginnt

4. Profil

Unser gemeinsames Leben entstand aus der Begegnung mit dem Evangelium. Angezogen von der Person des Herrn und ergriffen von seinen Predigten übten wir die ersten Schritte des Teilens und Helfens. Im Jahr 1963 zog eine Gruppe junger Frauen in die Dachwohnung einer beteiligten Familie in Bensheim-Auerbach an der Bergstrasse ein, eine Gruppe junger Männer in die Mansarde einer alten Jugendstilvilla am gleichen Ort. Im gleichen Jahr reisten die ersten Schwestern nach Pakistan aus, um den Leprakranken zu dienen. Weitere Schwestern und Brüder sind ihnen bald gefolgt und haben neue missions-diakonische Dienste in Entwicklungsländern aufgenommen. Zu Hause wurden aus Nachbarschaftsbesuchen in Gemeinden bald schon festliche Evangelisationen mit viel Musik.

Aus der Gruppe der jungen Frauen wurde die Christusträger Schwesternschaft, die seit den gemeinsamen Anfängen stark in der Dritten Welt engagiert ist und in Deutschland neben Gästehäusern ein Altenpflegeheim führt.

Das gemeinsame Leben einer christlichen Kommune wurde zur Kommunität. Wir entdeckten das Leben nach den Evangelischen Räten (Ehelosigkeit, Armut und Gehorsam) als einen Weg der Freiheit für das Reich Gottes. Durch unsere Ehelosigkeit haben wir Freiraum, unser Leben zu verschenken, um es zu gewinnen. Ohne Bindung an eine eigene Familie leben wir nicht beziehungslos. Wir sind eingebunden in die brüderliche Gemeinschaft. Armut verstehen wir im Sinn von Gütergemeinschaft. Wir wollen keinen persönlichen Besitz sammeln, sondern mit unserer ganzen Kraft zuerst nach dem Reich Gottes trachten. Gehorsam bedeutet für uns, unsere Ideen und Lebenskraft in ein grösseres Ganzes einzuordnen. Gemeinsam wollen wir dem Willen Gottes nachspüren, im Hören auf die Heilige Schrift und in der Stille des Gebetes.

Beten und arbeiten, dieser benediktinische Lebensrhythmus prägt auch unseren Alltag. Als Bruderschaft haben wir noch keine schriftliche Regel. Im Übergang von der ersten in die zweite Generation sind wir dabei, unsere alten und neuen

Leitsätze zu sammeln, zu bedenken und zu formulieren. Wir wollen leben, was wir verstanden haben, um wieder neu zu hören und besser zu verstehen. Nach den Jahren des Aufbruchs kennen wir die Grenzen unserer Begeisterung. Aber Ziel und Grund unserer Berufung ist geblieben: Jesus Christus ist es, der uns in die Nachfolge ruft.

Christusträger wie Christophorus: im alltäglichen Tun die Begegnung mit Gott erwarten. Ihm dienen, um Ihn lieben zu lernen. Dabei machen wir die Erfahrung, dass wir von Ihm getragen werden. So üben wir uns darin, Brüder des Meisters zu werden – Christusträger.

Steppenblüte
Communität der Schwestern

1. Allgemeine Angaben

Entstehungszeit

Die Steppenblüte ist Anfang der 70er Jahre, durch einen musi-kalisch-missionarischen Einsatz der Christusträger-Brüder, in Basel entstanden. Eine Gruppe von jungen Frauen und Männern schloss sich zusammen, um Jesus verbindlich nachzufolgen, das Evangelium zu «tun». Es wurden Wohngemeinschaften gebildet und verschiedene Aktivitäten aufgenommen: offene Abende, Musikgruppe, geschützte Werkstatt für psychisch kranke Men-schen, Strassenbasare zu Gunsten von 3.-Welt-Projekten und vieles mehr. Es entstand eine Familiencommunität und die Communität der Schwestern. Heute besteht die Familiencommunität nicht mehr, aber die geschützte Werkstatt Steppenblüte und das Step-penblüte-Lädeli werden in Basel weitergeführt. Im Januar 1993 zog die Communität der Schwestern auf die Grimmialp im Diem-tigtal, um dort das ehemalige Kurhaus als Gästehaus zu führen.

Mitgliederzahl

Die Steppenblüte Communität der Schwestern besteht aus 4 Schwestern.

Verbreitung

Alle Mitglieder leben und arbeiten auf der Grimmialp. Im Frühling wird ein Freundesbrief versandt, ebenso im Herbst zu-sammen mit dem Jahresprogramm an Interessierte, Gäste und Freunde, die sich dafür angemeldet haben.

2. Erreichbarkeit

Postadresse   Steppenblüte
                   Grimmialp
                   3757 Schwenden /Diemtigtal
Telefon   033 684 80 00
Fax   033 684 80 01
e-mail   steppenbluete-grimmialp@freesurf.ch
Homepage   www.steppenbluete-grimmialp.ch

3. Angebote

In unserem grosszügigen Haus mit 65 Betten, in ruhiger, schöner Alplandschaft (1200 m.ü.M.) empfangen und begleiten wir das ganze Jahr über Gruppen und Kirchgemeinden, die Ruhe, Erholung, geistliche Erfrischung und Neuorientierung suchen. Gerne geben wir die guten Erfahrungen mit Jesus weiter, in Bibelarbeiten und Gesprächen, in geistlicher Begleitung und in fröhlicher und besinnlicher Gemeinschaft:

* Ferienwochen und Wochenenden für Kirchgemeinden (ohne eine andere Gruppe im Haus)
* Angebote im Jahresprogramm:
  · Einkehrtage mit Schweigen
  · Kreative Einkehrtage mit Töpfern, Modellieren, Aquarellmalen
  · Offene Familienfreizeiten (Sommer, Herbst und Winter) Die Gäste melden sich von überall her an
* Time-out: Die kreative Lebensphase, Mitleben für ein paar Wochen oder Monate mit freier Kost und Logis

4. Profil

Der Name Steppenblüte entspringt einem Wort aus dem Propheten Jesaja: «Die Steppe soll sich freuen, das dürre Land glücklich sein, die Wüste jubeln und blühen!» (Jes. 35,1). Dieser Text wurde für uns zu einem persönlichen Bild: Jesus kam mit seinem Leben schaffenden Wort wie Wasser in unsere «innere Wüste» und liess Neues, Ungeahntes keimen, wachsen und blühen.

Wir Schwestern leben nach den Evangelischen Räten (Gütergemeinschaft, Ehelosigkeit und Gehorsam) und dem Grundsatz: Gottesliebe, gemeinsames Leben und Dienst.

- Die Gottesliebe steht bewusst an erster Stelle. Gerade die Beziehung zu Gott, zu Jesus soll gepflegt werden in den regelmässigen, gemeinsamen liturgischen Gebetszeiten, in den persönlichen Andachten und in den seelsorgerlichen Begleitungen
- Gemeinschaft im Sinne einer Lebensverbindlichkeit mit allen Freuden und Verpflichtungen, damit wir uns ganz einlassen können auf unseren Stand und Lebensstil
- Dienst: als Aufgabe im Zusammenhang mit dem Auftrag der Gemeinschaft. Die momentane Arbeit oder Aufgabe muss nicht immer dem «Traumjob» entsprechen. Der Dienst kann wechseln, die Gottesliebe und die Gemeinschaft bleiben

Seit unserer Entstehung gehören wir zur evangelisch-reformierten Kirche und besuchen, wenn es unsere Aufgaben erlauben, die Gottesdienste am Ort und tragen mit unseren Möglichkeiten zum Gemeindeleben bei.

El-Roi Communität Basel

1. Allgemeine Angaben

Die Communität entstand im Herbst 1988. Drei Frauen gründeten eine klösterliche evangelische Gemeinschaft. Seither leben und arbeiten sie als Schwesterngemeinschaft im «Haus der Stille» mitten in der Stadt Basel. Sie bieten Gästen einen Ort der Stille, der Begegnung und des Gebets an.

Die Schwestern sind vereinsmässig organisiert. Unter sich haben sie keine hierarchische Leitung. Sie tragen zivile Kleidung. Einziges gemeinsames Zeichen bildet eine silberne Halskette mit einem Kreuz auf dem runden Anhänger. Die Schwesternschaft ist finanziell unabhängig und lebt von Spenden und dem, was die Gäste für ihre Unterkunft zu zahlen vermögen. Es gibt keine festen Pensionspreise. Zweimal im Jahr orientieren sie über ihre Arbeit mittels Rundbriefen.

2. Erreichbarkeit

Postadresse   Communität El Roi
                     Haus der Stille
                     Klingentalgraben 35
                     4057 Basel
Telefon   061 681 27 36

3. Angebote

Für Menschen, die interessiert sind am communitären Leben, besteht die Möglichkeit, eine Zeitlang im Haus mitzuleben. Die fünf Gästezimmer stehen Frauen und Männern zur Verfügung, die sich für einen oder mehrere Tage zurückziehen möchten aus der Hektik des Alltags, um sich neu auszurichten auf die Beziehung zu Gott, zu sich selbst und zum Nächsten. Seelsorgerliche Gespräche werden angeboten, auch für Personen, die von aussen kommen.

Die Schwestern bieten regelmässig Einkehrtage an für Einzelpersonen und kleinere Gruppen. Es kommen auch Gruppen bis zu 15 Personen, die ihr eigenes Programm durchführen.

4. Profil

Die Schwestern leben ihre Berufung, Jesus Christus nachzufolgen, in der Form des gemeinsamen Lebens mit den drei Evangelischen Räten (Ehelosigkeit, Gütergemeinschaft, Verbindlichkeit). Der hebräische Gottesname El Roi findet sich in 1. Mose 16,13, wo Gott der Sklavin Hagar begegnet. Der Name bedeutet: «Gott, der mich sieht.» Sie leben von der Zusage, dass Gott sie mit liebenden Augen anschaut und leitet und ihnen ihr Ansehen gibt. Dies bezeugen sie durch ihre Verfügbarkeit für Gott und die Menschen.

Die Schwesternschaft richtet sich an der Leitlinie der «Regel von Taizé» aus, deren Kernsatz lautet: «Bete und arbeite. Lass in deinem Tag Arbeit und Ruhe von Gottes Wort belebt werden. Bewahre in allem die innere Stille, um in Christus zu bleiben. Lass dich durchdringen vom Geist der Seligpreisungen: Freude, Einfachheit, Barmherzigkeit.»

Das «Haus im Klingental», in dem die Schwestern leben und arbeiten, ist ein Jugendstilhaus mit Garten. Im Haus gibt es zwei Andachtsräume. In den täglich vier Gebetszeiten (von Montag bis Freitag) und im wöchentlichen Abendmahlsgottesdienst hören sie auf Gottes Wort. Sie lassen sich rufen zum Lobpreis, zur Fürbitte, zur Versöhnung, zusammen mit Leuten, die unangemeldet dazukommen können. Die Menschen, die bei ihnen ein- und ausgehen, gehören verschiedenen Konfessionen an. Die drei Schwestern selber sind Mitglieder der reformierten Kirche. Einheit und Erneuerung der Kirche ist ihnen ein zentrales Anliegen, das sie in Gebet und Mitarbeit in ökumenischen Aufgaben mittragen.

III Stimmen aus den Kirchen

S'arrêter au rythme d'une communauté priante – pour vivre

L'Eglise dans laquelle nous vivons aujourd'hui a privilégié pendant longtemps une organisation géographique de sa mission. Les paroisses étaient le lieu de la vie cultuelle, de la formation chrétienne, de l'entraide, pour toutes les familles qui habitaient le territoire du village ou de la ville. Aujourd'hui, d'autres manières de vivre l'Eglise sont reconnues, en particulier les aumôneries et ce que nous appelons dans le canton de Vaud les «services communautaires».

Et puis, au cours de l'histoire, en lien avec les Eglises réformées, mais aussi en marge d'elles, sont nées des institutions qui ont pris une autre part de la mission que le Christ nous confie, complémentaire à celle des paroisses. Plusieurs œuvres sont aujourd'hui devenues laïques, en particulier les hôpitaux et les institutions pour les aînés et les handicapés. D'autres demeurent, comme un ministère essentiel pour l'Eglise, je pense en particulier aux œuvres d'entraide et de mission, aux Centres sociaux protestants, aux Centres de rencontre, à la Croix Bleue... et bien sûr aux communautés de prière et aux communautés diaconales.

Aujourd'hui, les Eglises réformées offrent ces différents visages, chacun comme l'expression d'un aspect de la mission de l'Eglise. Il nous faut donc encore et toujours apprendre que notre lieu d'engagement ne peut pas et ne doit pas tout faire. Il nous faut encore et toujours apprendre à dire, dans chacun de nos lieux d'Eglise, l'importance des autres lieux.

Je vois les spécificités des communautés de prière et des communautés diaconales dans plusieurs domaines, j'en cite trois:
- Il y a d'abord une fonction critique. Dans une société où la recherche d'un statut social et de la richesse prennent tant de place dans la vie des gens, ces communautés religieuses sont, par leur existence même, une contestation de la société. Il est bon de nous laisser interpeller, comme personne et comme Eglise, par cette autre manière de vivre.
- Et puis, face à nos lieux d'Eglise qui n'accordent pas assez

d'importance à la vie communautaire, face aux responsables d'Eglise qui ne savent souvent pas très bien comment et pourquoi promouvoir une vie communautaire, les communautés religieuses nous offrent des lieux où l'on peut vérifier l'enrichissement de cette dimension de la vie de l'Eglise.

• Enfin, les communautés religieuses offrent aux personnes et aux groupes (je pense en particulier aux conseils d'Eglise et aux colloques des ministres), des lieux de ressourcement essentiels.

Chaque fois que j'ai eu l'occasion de m'arrêter quelques heures ou quelques jours dans une communauté religieuse, j'ai été renouvelé dans mon attention à moi-même, aux autres et à Dieu. Ah ! J'y pense. Il faudra bientôt que je me donne le temps de m'arrêter quelques jours, pour vivre – tout simplement vivre – au rythme d'une communauté priante.

Henri Chabloz
diacre, membre du Conseil synodal de l'EERV

Ein unschätzbarer Dienst

Das Leben der Kirchen in Basel wird von einer ganzen Reihe kommunitärer christlicher Lebensgemeinschaften mitgetragen und mitgestaltet: Evangelische Diakonissenhäuser, katholische Ordensgemeinschaften, ökumenische Kommunitäten neueren Stils. Wir sind dankbar für ihren Beitrag zum Zeugnis und Dienst unserer Kirchen.

Christliche Ordensgemeinschaften und Kommunitäten schaffen und bieten Raum für alternative Lebensformen und -entwürfe sowohl innerhalb der Gesellschaft als auch innerhalb der Kirche. In der Auseinandersetzung mit den Nachfolgeregeln der Bergpredigt, den urchristlichen Idealen der Gemeinschaftlichkeit, der Nächstenliebe und des spirituellen Lebens, versuchen Menschen angesichts alltäglicher gesellschaftlicher Herausforderungen ihr Christ-Sein in verbindlicher Weise zu leben. In vielerlei Hinsicht bilden sie damit einen Gegenpol zur Gesellschaft. Auch die verfasste Kirche muss sich immer wieder an ihnen messen und sich von ihnen herausfordern lassen.

Menschen in Ordensgemeinschaften leben inmitten der Konsumgesellschaft einen ganz anderen Umgang mit Geld und Besitz. Sie teilen ihr Hab und Gut einschliesslich ihrer Arbeitskraft in uneigennütziger Weise mit den Mitgliedern ihrer Gemeinschaft und darüber hinaus mit andern Menschen. In einer Kultur, die das Individuum ins Zentrum stellt, in der Selbstverwirklichung als höchstes Ideal gilt, lassen sie sich auf ein gemeinschaftliches Leben ein, machen sich verfügbar und stellen sich rückhaltlos den Herausforderungen, welche die Gemeinschaft im engeren und weiteren Sinn an die Einzelnen stellt.

Sie leben auch einen andern Umgang mit der Zeit. Sie schaffen in der Hektik der Alltagswelt Raum für Spiritualität, Gebet und Einkehr. Aus ihrer Kultur des Gebets erwächst die Kraft für den Dienst in und an der Gesellschaft. Kontemplation und Aktion verbinden sich. Das Gebet trägt und nährt nicht nur die Mitglieder dieser Gemeinschaften, sondern die ganze Kirche mit ihren Mitarbeitenden. Es bereichert das gottesdienstliche Leben der Kirche und öffnet uns alle für die Verheissung und den Empfang des göttlichen Segens. Ordensgemeinschaften leisten damit einen unschätzbaren Dienst an der Gesamtkirche.

Pfarrer *Georg Vischer*
Kirchenratspräsident der Evangelisch-reformierten
Landeskirche des Kantons Basel-Stadt

Vivre l'évangile

Es ist eine beeindruckende Fülle von evangelischen Kommunitäten, die sich in dieser Schrift darstellt. In aller Unterschiedlichkeit der Kommunitäten geht es hier um das, was der französische Ausdruck am Zutreffendsten sagt: «vivre l'évangile»: Das Evangelium unter uns Gestalt gewinnen lassen. Darum gilt es von Seiten der Verantwortlichen der Kirchen, den Kommunitäten gegenüber Dankbarkeit und Wertschätzung entgegen zu bringen. Dass dies auch in der vorliegenden Schrift geschieht, darüber freue ich mich. Schön, dass unbefangen der Ausdruck «Ordensgemeinschaften» gewählt wird. Offensichtlich sind reformierte Ängste irgendwelchen «katholisierend» klingenden Konzepten gegenüber durch ein halbes Jahrhundert gelebter Ökumene verschwunden.

Ordensgemeinschaften stellten durch alle Jahrhunderte der Kirchengeschichte immer wieder die Frage nach der Verbindlichkeit christlichen Lebens. Diese Frage steht nicht im Gegensatz zum reformatorischen Grundanliegen der Freiheit eines Christenmenschen, sondern folgt aus ihm. Die Reformation betonte das Ja Gottes zu den Menschen. Sie wollte befreien von aller «Werkerei» und «Möncherei», welche sich durch ein elitär verstandenes Vollkommenheitsideal in erster Linie am eigenen Heil orientierte. Der Verdienstgedanke wurde durch die Wiederentdeckung der «Rechtfertigung aus Gnaden allein» überwunden. Die Frage nach der Verbindlichkeit des Glaubens aber wurde umso dringlicher gestellt.

Dies geschah in der Reformation etwa durch die Reform des Gottesdienstes vom Kultus hin zur persönlichen Anrede und zur Gewissenserforschung vor Gott. Besonders mit der Schweizer Reformation gingen immer auch Reformen im sozialen Bereich einher: Die Armenpflege wurde institutionalisiert, arbeitsloses Einkommen kritisiert, das uralte *ora et labora* ins alltägliche Leben übersetzt. Huldrych Zwingli, Heinrich Bullinger und Johannes Calvin stellten die Frage nach dem Umgang mit Erfolg und Reichtum. Menschliche

Beziehungen in Ehe und Familie wurden überdacht und neu gestaltet. In diesen Konzepten verbindlichen christlichen Lebens wurden auch die «Evangelischen Räte» Armut, Keuschheit und Gehorsam in neuer Form wegleitend und in der Entwicklung eines verbindlichen Lebensstiles konkretisiert. Luxus war verpönt, Arbeit geschätzt, Treue und Verlässlichkeit in menschlichen Beziehungen wurde betont und der Gehorsam dem Evangelium gegenüber sollte Unterwerfung unter ein kirchliches Gesetz ersetzen. Es klingen also bereits damals wichtige Anliegen evangelischer Ordensgemeinschaften an.

Die Reformatoren dispensierten nicht von der Frage der Verbindlichkeit christlichen Lebens, sondern konkretisierten sie, indem sie evangelische Freiheit als Verantwortung aus dem Glauben heraus verstanden. «Von der Dankbarkeit» – so ist darum im Heidelberger Katechismus, einer der massgeblichen Bekenntnisschriften der reformierten Kirche, christliches Tun und Leben im persönlichen und sozialen Bereich überschrieben. Späteren Entwicklungen hin auf eine nur an der Lehre orientierte Kirche wurde durch den Pietismus widersprochen. Er wies auf die *praxis pietatis,* auf die Verbindlichkeit und Konkretheit christlichen Glaubens, hin. Nicht zufällig haben viele evangelische Ordensgemeinschaften des 19. und 20. Jahrhunderts pietistische Wurzeln. Dem Pietismus verdankt die evangelische Kirche nicht nur theologisch viel. Hier wurde dringlich auch die soziale Frage wahrgenommen und durch die konkrete christliche Tat beantwortet. Altchristliche Vorbilder, reformatorische Freiheit, pietistische Frömmigkeit und sozial-diakonische Praxis prägen bei allen unterschiedlichen Gewichtungen evangelische Ordensgemeinschaften und machen sie dadurch für die reformierten Kirchen zu einem unentbehrlichen Bezugspunkt. Man kann jede Kirchgemeinde oder Landeskirche nur beglückwünschen, wenn sie mit einer oder mehreren evangelischen Ordensgemeinschaften in lebendigem Austausch stehen darf.

Den evangelischen Ordensgemeinschaften geht es um das Leben und die Tat, nie aber einfach um die «soziale Nützlichkeit» der Kirche. Im verbindlichen Glauben und Leben ist für sie Kirche als Leib Christi präsent. In dieser Erfahrung sind Sammlung und Sendung zwei Grundbewegungen, die sich gegenseitig bedingen. Die Sendung hinein in die Welt ist nur möglich durch die Sammlung um Christus und sein Wort; dieses wiederum sendet Christinnen und Christen in die Welt. In ihr darf die Kirche aber nicht aufgehen oder gar untergehen. So gesehen sind Ordensgemeinschaften für ein volkskirchlich geprägtes Konzept christlicher Existenz unverzichtbar.

Nicht an der «Nützlichkeit» orientieren sich Ordensgemeinschaften, weder an der «sozialen Nützlichkeit» im Einsatz für andere Menschen, noch am «Nutzen», den die Angehörigen der Gemeinschaften im Getragenwerden durch die Kommunität und in der sinnvollen gemeinschaftlichen Selbstentfaltung erfahren. Es geht um Christus, um die Existenz des gekreuzigten und auferstandenen Christus in der Welt, um den Leib Christi, der in der Gemeinschaft und im Dienst erfahrbar wird.

Dafür, dass die Ordensgemeinschaften uns an all dies erinnern, gilt es herzlich zu danken. Zugleich bitte ich die evangelischen Ordensgemeinschaften auch um Geduld mit uns «volkskirchlichen Kirchenchristen». Manches fehlt uns, was sie verwirklichen. Dennoch brauchen wir einander: wir die Ordensgemeinschaften und diese wohl auch die Volkskirchen mit ihrer Weite und ihren vielfältigen Chancen und Möglichkeiten.

Zu Recht fordern evangelische Ordensgemeinschaften von den Kirchen darum Anerkennung und auch Freiraum für die eigene Gestaltung und das eigene Profil. Wer die Ordensgemeinschaften kennt, wer Menschen, welche sich in ihnen engagieren, begegnet, der ist dankbar für den Reichtum und die Vielfalt gelebten Glaubens, die einem da begegnet. Dafür gilt es im Hinblick auf das, was damit Kirchgemeinden und Landeskirchen geschenkt wird, zu danken.

Pfarrer *Ruedi Reich*
Kirchenratspräsident der Evangelisch-reformierten
Landeskirche des Kantons Zürich

Einzige Alternative

Als Christ in einer kapitalistischen Gesellschaft kommt man sich vor wie ein Vegetarier, der seinen Lebensunterhalt in einer Grossmetzgerei verdient. Man weiss: das Heil liegt nicht im Konsumieren. Verkehr und Verbrauch zerstören unsere Lebensgrundlagen. Wahre Sicherheit kann man nicht kaufen. Erfolg und Karriere entfremden den Menschen von seinem Selbst. Man weiss und predigt es, aber man kann nicht aussteigen aus dem Kapitalismus. Er ist totalitär und zwingt zum Mitmachen. Das konkrete Leben, das der Christ führt, widerspricht seinem spirituellen Wissen und straft sein Predigen Lügen.

Mag sein, dass es einzelne Christinnen und Christen gibt, die es schaffen, mitten im Schlaraffenland Verzicht zu üben und ihr Leben auf Gemeinschaft, Kontemplation und Dienst zu fokussieren. Gibt es sie tatsächlich, so sind sie leider annähernd unsichtbar. Ordensgemeinschaften sind die einzige Alternative, die man sehen und der man begegnen kann. Es gibt also Menschen, wenn auch nur wenige, die sich dem totalitären Griff der Konsumgesellschaft zu entwinden wussten. Ihre Freiheit erlangten sie, indem sie freiwillig eine bessere Bindung eingingen. Sie nennen diese Bindung lieber Verbindlichkeit. Ordensgemeinschaften sind wie Leuchtkäfer in einer staubigen Industriesteppe. Man entdeckt sie und glaubt wieder, dass das Leben anders werden könnte.

Evangelische Orden ziehen in den reformierten Schweizer Landeskirchen selten Aufmerksamkeit auf sich. Viele, die sich reformiert nennen, würden sagen, so etwas wie evangelische Orden gebe es gar nicht. Dass die Reformation vor einem halben Jahrtausend Klöster aufgehoben habe, lernt man in der Schule. Hoffentlich lernt man bald, dass dadurch ungeahnte spirituelle Schätze zerstört wurden. Wo wären wir wohl heute, wäre es der Reformation gelungen, Klöster zu reformieren statt zu vernichten?

Ordensgemeinschaften leben in Gütergemeinschaft und verzichten bewusst auf Besitz und Konsum. Ihre Lebensform erinnert daran, dass der Meister einem reichen Jüngling empfahl, seine Güter zu verkaufen und das Geld zu verschenken; dass der reiche Bauer trotz voller Scheunen sein Leben nicht geniessen konnte. Das Lebensmodell des gemeinschaftlichen Verzichts ist überdies eine höchst potente Produktionseinheit, die keine kapitalistische Konkurrenz zu fürchten hat. Manch kirchliches Tagungshaus könnte Zentrum für Bildung und Spiritualität sein und bleiben, wenn es von einer Ordensgemeinschaft geführt wäre.

Orden leben eine besondere Form stabiler Gemeinschaft, etwas, das in der Moderne immer seltener wird. Sie zeigen, dass Beziehungen von Dauer möglich sind, wenn die Bereitschaft da ist, Wohl und Wehe einer Gemeinschaft mittragen und ihre andern Glieder nicht für sein eigenes Glück verantwortlich machen zu wollen.

Ordensgemeinschaften beten täglich, oft auch in der Nacht. Sie erinnern daran, dass es auch im evangelischen Christentum eine tragende Alltagsspiritualität gibt. Es ist allerdings eine Spiritualität, die Gemeinschaft voraussetzt. Individualistischen Einzelmasken bleibt sie verschlossen. Man wird einmal erfahren, was es bedeutet, dass Gemeinschaften von Frauen und Männern in unserem Land Tag für Tag beten, nicht zuletzt auch für ihre Kirchen.

All das wäre Grund, mit Konfirmandinnen eine evangelische Ordensgemeinschaft zu besuchen, sollte das buddhistische Kloster gerade einmal belegt sein.

Pfarrer *Ruedi Heinzer*
Synodalrat der Reformierten Kirchen Bern-Jura-Solothurn
und Mitglied des Rates des SEK

Les communautés liées à l'Eglise réformée évangélique du canton de Neuchâtel (EREN)

La Constitution de l'EREN adoptée en 1980 a ouvert la possibilité aux communautés d'être reconnues. Sans sacrifier à leur spécificité, elles entrent ainsi dans les structures de l'Eglise à côté des paroisses et des institutions spécialisées. Cette reconnaissance manifeste que l'œuvre et le témoignage de l'Eglise vivent et rayonnent par elles.

Au titre V de la Constitution, intitulé : «Les Institutions spécialisées et les communautés», l'article 55 est consacré à ces dernières : «Les communautés sont des groupements de chrétiens dont les membres vivent selon les normes qu'ils se sont données : elles veulent ainsi manifester la réalité de l'amour fraternel en Jésus-Christ.

Elles peuvent, lorsqu'elles ont fait preuve de continuité, être reconnues par le Synode, sur la base d'une demande motivée, présentée par le Conseil synodal.» Le Règlement général au titre V «Communautés» précise les conditions de cette reconnaissance par le Synode, en particulier en son article 146 : «Les communautés qui désirent être reconnues par le Synode doivent remplir les conditions suivantes:

• Accepter la Constitution de l'EREN
• célébrer régulièrement des offices de prière ou des cultes
• manifester un souci de témoignage et d'entraide
• offrir à leurs membres une vie communautaire distincte de la vie des paroisses et des groupements paroissiaux ou régionaux et complémentaire à celle-ci
• exister d'une manière régulière, organisée et continue depuis quatre ans au moins.»

Une des conséquences pratiques de la reconnaissance est que la Communauté peut désigner deux représentants au Collège électoral appelé à élire les députés au Synode des institutions spécialisées et des communautés.

En 1982, le Synode a reconnu la Communauté Amitié et la

Communauté du Gospel, puis en 1987, la Communauté de Grandchamp, en 1990, celle de Don Camillo et enfin, en 1999, la Communauté Effata. Aujourd'hui, les deux premières communautés ont porté leurs fruits, elles n'existent plus.

Les collaborations avec les communautés se sont toujours avérées fructueuses pour l'Eglise et ont enrichi son témoignage de manière significative. Cette reconnaissance se poursuivra dans la nouvelle organisation de l'EREN (projet EREN 2003).

Isabelle Ott-Bächler
pasteure, Présidente du Conseil synodal de l'EREN